Tischtennis-Technik

Martin Perger

Tischtennis-Technik

Der individuelle Weg zu erfolgreichem Spiel

Im FALKEN Verlag sind zum Thema „Sport & Fitneß" zahlreiche Titel erschienen. Fragen Sie bitte Ihren Buchhändler.

ISBN 3 8068 0775 2

© 1995 by Falken-Verlag GmbH, 65527 Niedernhausen/Ts.

Die Verwertung der Texte und Bilder, auch auszugsweise, ist ohne Zustimmung des Verlags urheberrechtswidrig und strafbar. Dies gilt auch für Vervielfältigungen, Übersetzungen, Mikroverfilmung und für die Verarbeitung mit elektronischen Systemen.

Reihengestaltung: Zembsch' Werkstatt, München
Titelfoto: Peter Udo Pinzer
Fotos: Thomas Frieser, Ludwig Markgraf, Wiesbaden
Zeichnungen: Manfred Chladek, Wiesbaden
Nachauflagenredaktion: Jürgen Knöppler

Die Ratschläge in diesem Buch sind vom Autor und vom Verlag sorgfältig erwogen und geprüft, dennoch kann eine Garantie nicht übernommen werden. Eine Haftung des Autors bzw. des Verlags und seiner Beauftragten für Personen-, Sach- und Vermögensschäden ist ausgeschlossen.

Satz: Libro, Kriftel bei Frankfurt
Druck: Wiesbadener Graphische Betriebe GmbH, Wiesbaden

04077586X817 26

Inhalt

Vorwort — 9

Materialkunde – wichtiger, als viele glauben — 10

Schlägerholz und Griff — 10
Schlägerbeläge — 12
    Tips zur Wahl der geeigneten Schlägerbeläge — 12

Schlägerhaltung – Grundlage einer guten Technik — 14

Die verschiedenen Funktionen der Schlägerhaltung — 14
Shake-Hands-Haltung — 15
    Wie finde ich meine ideale Schlägerhaltung? — 16
Positionierung der Stützfinger — 17
    Zeigefinger — 17
    Daumen — 19
Positionierung der Schlägerkante in der Handinnenfläche — 21
Stellung des Handgelenks oder Winkel
    des Schlägerblattes zum Unterarm — 23
Wo fasse ich den Schlägergriff an? — 25
Wie fasse ich den Schläger an? — 27
Besondere Druck- und Haltepunkte — 28

Grundformen der Schlagarten — 29

Grundform I: Bewegungsrichtung aufwärts, Spintechnik — 29
Grundform II: Bewegungsrichtung vorwärts, Block- und Kontertechnik — 30
Grundform III: Bewegungsrichtung abwärts, Verteidigungstechnik — 31

Bewegungsrichtung aufwärts – Spintechnik — 32

Vorhandtopspin — 34
   Überblick über die verschiedenen Topspinarten — 35
   Verschiedene Bewegungselemente zur
   Erzeugung der Vorwärtsrotation — 36
   Hubtopspin — 39
   Konter- oder Chinatopspin — 41
   Schwung- oder Powertopspin — 43
   Balltreffpunkte und Ausführungsvarianten des Powertopspins — 44
Rückhandtopspin — 49
   Verschiedene Ausführungen des Rückhandtopspins — 50
   Rückhandschwungtopspin — 51
   Rückhandkonter- oder Drucktopspin — 53
Vorhandsidespin — 55
Rückhandsidespin — 59
Ballonschlag — 63
Vorhandballonball — 64
Rückhandballonball — 66
Flip — 67
   Ausführung I: Wegklappen zur Seite — 68
   Ausführung II: Wegklappen nach oben vorne — 89

Bewegungsrichtung vorwärts – Block- und Kontertechnik — 70

   Verschiedene Bewegungselemente zur Erzeugung von Vorwärtsschub — 72
Rückhandkonterschlag — 75
   Beschreibung der Technik — 75
   Einzelelemente der Klapptechnik — 77
Vorhandkonterschlag — 79
   Beschreibung der Technik — 79
Kernschlag, Endschlag oder Schmetterball — 81
Vorhandendschlag — 82
   Einzelelemente des Vorhandendschlages — 83
   Vorhandendschlag unter Berücksichtigung des Zeitfaktors — 85
Rückhandendschlag — 91
Vorhandblock — 93
   Bewegungsbeschreibung Vorhandblock — 94
Rückhandblock — 95
Spezialschlag: Stoppblock — 96

Bewegungsrichtung abwärts – Verteidigungstechnik 97

Rückhandschupfen 99
   Bewegungsbeschreibung Rückhandschupfen 100
   Spezialschlag: Der aggressive Schupfball 101
Vorhandschupfen 102
   Bewegungsbeschreibung Vorhandschupfen 103
Unterschnittverteidigung 104
Rückhandunterschnitt 107
   Rückhandunterschnitt ohne Zeitdruck 107
   Rückhandunterschnitt unter Zeitdruck 110
Vorhandunterschnitt 115
   Vorhandunterschnitt ohne Zeitdruck 115
   Vorhandunterschnitt unter Zeitdruck 116
Stoppball 119
Vorhandstopp 120
Rückhandstopp 121

Der Aufschlag 122

Vorhandrollaufschlag 124
Rückhandrollaufschlag 125
Vorhandunterschnittaufschlag 126
Rückhandunterschnittaufschlag 128
Rückhandseitenschnittaufschlag 129
Vorhandseitenschnittaufschlag 132
   Bewegungsbeschreibung Vorhandseitenschnittaufschlag 133
   Vorhandseitenschnittaufschlag aus der Hocke 137
Überkopfaufschlag aus der tiefen Hocke 140
   Bewegungsbeschreibung Überkopfaufschlag 141

Vorwort

Seit gut 20 Jahren beschäftige ich mich mit Theorie und Praxis des Tischtennissportes. Zunächst als Spieler, dann als Trainer und Lehrer, schließlich als Ausbilder von Trainern und Übungsleitern.

In dieser langen Zeit habe ich vom Anfänger im Schul- oder Vereinsbereich bis zum Bundesligaprofi alle Leistungsebenen des Tischtennissportes hautnah kennengelernt.

Dieses Buch befaßt sich fast ausschließlich mit der *Beschreibung und Veranschaulichung der Tischtennistechnik.* Alle anderen Bereiche werden nur insoweit kurz angerissen, als sie für das Verständnis der Technik unentbehrlich erscheinen. Dieses Buch soll dem Anfänger die *Bewegungsabläufe aller Schlagarten* anhand von Bildserien, Phasendarstellungen und einer Vielzahl von Detailzeichnungen auf anschauliche und prägnante Art näherbringen. Dem Fortgeschrittenen soll es die Augen öffnen für *Feinheiten der Schlagausführung* der doch recht komplizierten Einzeltechniken.

Tischtennis ist eine der schnellsten, wenn nicht sogar die schnellste Sportart überhaupt. Für Reaktion und Rückschlag bleiben oft nur Bruchteile von Sekunden. Deshalb spielt gerade der *Zeitfaktor* im Tischtennis eine wesentliche, ja entscheidende Rolle. Die Ausführung des gleichen Schlages kann unter Zeitdruck völlig anders aussehen als ohne Zeitbedrängnis. Dieser Umstand soll in diesem Buche besonders berücksichtigt werden. Im Wettkampf sorgt schon der Gegner dafür, daß zur Schlagausführung nicht viel Zeit bleibt, beim Anfänger resultiert der *Zeitdruck* daher, daß sich der Lernende auf eine Reihe neuer Faktoren wie Ballverhalten, Drall und sonstiger Lernelemente konzentrieren muß. Er steht also auch bei geringerem Spieltempo bereits unter Zeitdruck.

Tischtennis ist, etwas überspitzt formuliert, also ein Spiel von Notsituationen geworden.

Jahrzehntelang bemühten sich Spieler und Trainer vergeblich darum, der Idealtechnik genauestens zu entsprechen. Das Tischtennisspiel ist mittlerweile so schnell geworden, daß die Ausführung eines Schlages auf dem *Kompromiß zwischen der Dauer der Bewegung und der zur Verfügung stehenden Zeit* basieren muß.

Lehrbuchtechnik und tatsächliche Spieltechnik sollten sich also nicht mehr unvereinbar gegenüberstehen, sondern zu einer Einheit verschmelzen.

In diesem Buch werden mehrere Ausführungsweisen für jede einzelne Schlagart aufgeführt, und jede Einzeltechnik wird in ihre wesentlichen Bewegungselemente zerlegt, was das Verständnis für die Zusammensetzung der Schlagart und die jeweils zeitabhängige Ausführungsweise fördert. Vor- und Nachteile der einzelnen Varianten werden aufgezeigt. Das ermöglicht dem Spieler die für ihn optimale Technik nach dem Baukastenprinzip zusammenzusetzen.

Dieses Buch will nicht zuletzt dazu beitragen, Ihnen beim Aufbau und der Weiterentwicklung Ihrer individuellen Technik zu helfen. Es soll Ihnen sowohl Wegbereiter als auch Wegbegleiter auf dem Wege zu Ihrer individuellen, perfekten Technik werden.

Ihr Martin Perger

Materialkunde – wichtiger, als viele glauben

In den letzten Jahren ist das Angebot an Hölzern und Belägen nahezu unüberschaubar geworden. Die meisten Wettkampf- und Vereinsspieler lassen sich deshalb in Tischtennisfachgeschäften beraten. Kaum einer der Spieler kauft einen fertigen Schläger von der Stange. Hölzer und Beläge werden möglichst so zusammengestellt, daß sie die jeweilige Spielweise optimal unterstützen.

Wenn Sie Tischtennisanfänger sind, so sollten Sie beim Schlägerkauf vor allem darauf achten, daß Ihnen der Schläger gut in der Hand liegt und die Beläge eine gute Griffigkeit haben, denn nur dann sind alle beschriebenen Schlagarten auch auszuführen.

Sie können die Griffigkeit daran erkennen, daß ein auf dem Belag vorsichtig entlanggezogener Ball einen hohen Reibungswiderstand leistet, fast haftet und nicht einfach darübergleitet.

Wenn Sie zu den etwas fortgeschritteneren Spielern zu rechnen sind, so sollten Sie der Schlägerauswahl mehr Aufmerksamkeit schenken. Dazu ein kurzer Überblick über die Tischtennismaterialien, der zur groben Orientierung dienen soll.

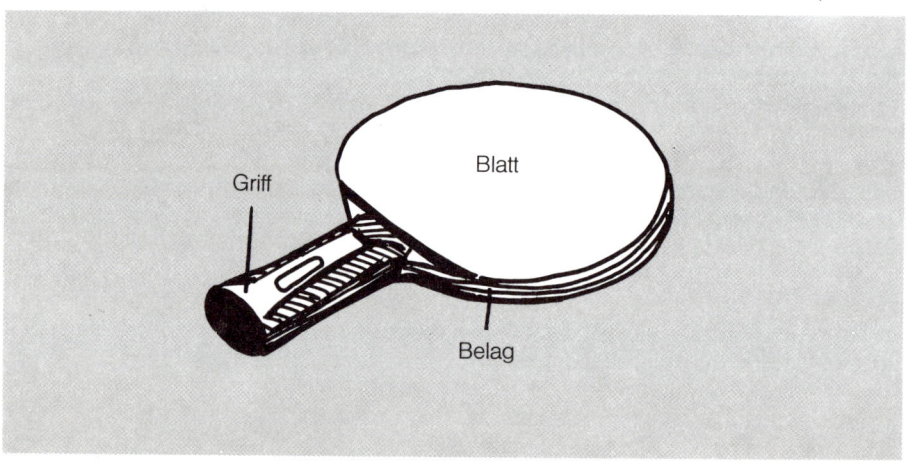

Schematische Darstellung eines Tischtennisschlägers

Schlägerholz und Griff

Das Schlägerholz hat immer mehr an Bedeutung gewonnen. Experten schätzen seinen Einfluß auf die Spieleigenschaften eines Schlägers auf 35–40%, den der Beläge auf 60–65%. Klebt man den gleichen Belag auf unterschiedliche Hölzer, so ergeben sich unterschiedliche Spieleigenschaften.

Auswahl der richtigen Griff-Form

Der Schläger muß locker und unverkrampft in der Hand liegen. Er darf möglichst nicht rutschen. Ein unlackierter Griff hilft dabei. Welche Griff-Form Sie wählen sollten, hängt von Ihrer persönlichen Vorliebe ab. Am besten probieren Sie einmal alle Griffarten aus und entscheiden sich für die Form, die Ihnen »am besten liegt«. Um für Abwehr-, Allround- und Angriffshölzer verschiedene Eigenschaften zu erzielen, gibt es diverse Konstruktionsprinzipien und Furnierkombinationen. Und auch innerhalb der jeweiligen Holzkategorien gibt es noch Unterscheidungen bezüglich Elastizität, Tempo und Kontrolle.

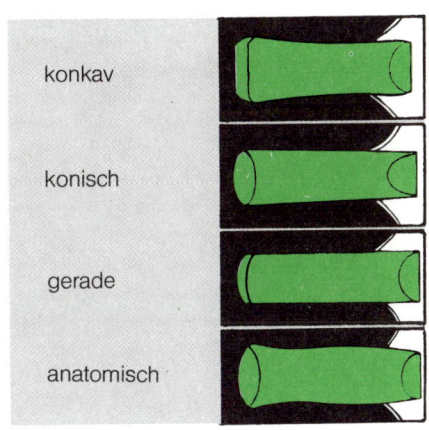

Verschiedene Griff-Formen

Auswahl des richtigen Schlägerholzes

Im allgemeinen unterscheidet man die Hölzer in Angriffshölzer, Allroundhölzer und Abwehrhölzer.

Für Angriffshölzer werden meist schnelle, für Allroundhölzer mittelschnelle und für Abwehrhölzer meist langsame Furniere verwendet.

Da mit zunehmendem Tempo des Schlägerholzes automatisch die Kontrolle abnimmt, sollten Anfänger möglichst nicht zu schnelle Hölzer wählen, damit eine hohe Kontrolle gewährleistet ist.

Entsprechend dem eigenen Spielsystem sollte die Auswahl des Schlägerholzes erfolgen.

Da es aber auch innerhalb der einzelnen Kategorien Angriff, Allround und Abwehr noch eine Vielzahl von Abstufungen gibt, sollte bei der Auswahl des optimalen Schlägerholzes auf die Beratung eines Tischtennisfachgeschäftes nicht verzichtet werden.

Schlägerbeläge

Der Belag vermittelt den direkten Kontakt zum Ball und ist in noch größerem Maße als das Holz an den Spieleigenschaften eines Schlägers beteiligt.

Er besteht aus zwei Schichten, nämlich einer gepreßten Schwammunterschicht und einer genoppten Gummioberschicht, die entweder mit den Noppen nach unten oder oben auf die Unterschicht aufgeklebt wurde.

Die Regel schreibt vor, daß der Belag je Seite, einschließlich Unterlage und Klebstoff, höchstens 4 mm dick sein darf.

Je dicker der Schwamm, desto schneller wird der Belag, desto mehr Spin erlaubt er und desto schlechter wird die Ballkontrolle, weil der Kontakt zum Holz verlorengeht. Der Offensivspieler bevorzugt schnelle und zumeist auch hochgriffige Beläge.

Für den Allroundspieler muß immer ein Kompromiß zwischen Tempo, Effet und Kontrolle gesucht werden, der seinem Spielsystem Rechnung trägt.

Der Defensivspieler bevorzugt langsame Beläge mit möglichst dünner Schwammunterlage (1,0 mm) wegen der besseren Ballkontrolle.

Tips zur Wahl der geeigneten Schlägerbeläge

Backside oder Noppen innen mit Schwammunterlage

Bei dieser Belagsart sind die Noppen nach innen aufgeklebt. Durch die griffige Oberfläche lassen sich Schnitt- und Spin-Variationen am leichtesten ausführen. Aus diesem Grunde spielen die meisten Spieler diese Belagsart, die auch für Anfänger zu empfehlen ist.

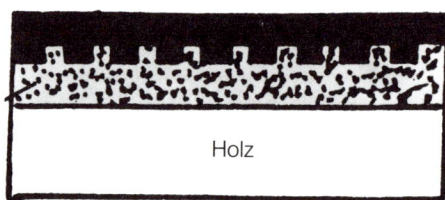

Backside

Softbeläge oder kurze Noppen außen mit Schwammunterlage

Zeigen die Noppen nach außen, gibt das bei weitem nicht die Griffigkeit wie obiger Belag. Somit ist eine geringere Möglichkeit gegeben, den Ball in starke Rotation zu versetzen. Gleichzeitig ist man aber auch nicht so empfindlich für gegnerischen Topspin oder Unterschnitt. Deshalb ist dieser Belag besonders für direktes und schnelles Konterspiel geeignet.

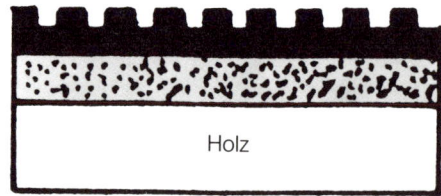

Softbelag

Antitopbeläge

Mit ihrer kaum griffigen Oberfläche und der trägen Schwammunterschicht annullieren Antitopbeläge die Rotation des ankommenden Balles fast vollständig und verlangsamen das Tempo des Ballwechsels beträchtlich. Allerdings sind die eigenen Effetmöglichkeiten auf ein Minimum beschränkt. Antitopbeläge mit schnelleren Schwammunterschichten ermöglichen gefährliche Block- und Konterattacken.

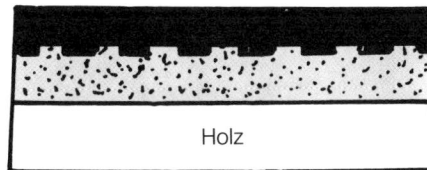
Antitopbelag

Lange Noppen mit und ohne Schwammunterlage

Die überlangen Noppen (1,5 bis 1,8 mm) geben beim Aufprall eines langsamen Balles ganz sanft nach, und es kommt somit zu einer ganz sanften Reibung (Rotation). Bei festen, schnellen Bällen hingegen legen sich die Noppen um und bilden eine sehr gute Reibefläche.
Diese Belagsart ist relativ schwierig zu spielen, ermöglicht aber überraschende und oft unangenehme Varianten.

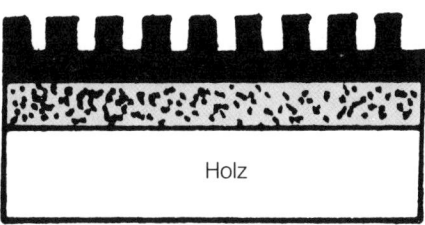
Lange Noppen

Noppengummi ohne Schwammunterlage

Dieser Belag wird kaum mehr benutzt. Sowohl die Griffigkeit als auch das Tempo der Schläge ist sehr gering, so daß weder extremer Schnitt noch Spin gespielt werden kann. Dafür ist aber eine hohe Sicherheit und ein gutes Ballgefühl gegeben.

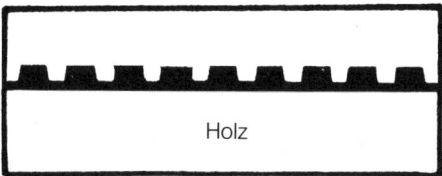
Noppen ohne Schwamm

Schlägerhaltung – Grundlage einer guten Technik

Man kann einen Tischtennisschläger auf vielerlei Arten in die Hand nehmen, allerdings nicht unbedingt wie einen Hammer oder eine Bratpfanne. Eine richtige Schlägerhaltung ist die Ausgangsbasis für das Erlernen einer guten Technik und kann die sportliche Entwicklung entscheidend beeinflussen.

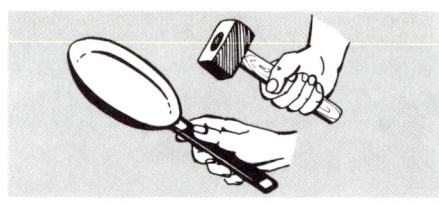

So nicht!

Die verschiedenen Funktionen der Schlägerhaltung

Stabilisieren / Sicherer Griff

Die Schlägerhaltung soll vermeiden, daß der Schläger in irgendeiner Schlagphase ungewollt verrutscht. Sie soll den Schläger derart stabilisieren, daß er unverrückbar und sicher, aber dennoch locker in der Hand ruht.

Beweglichkeit des Handgelenks

Bei verschiedenen Schlagarten ist die freie Beweglichkeit des Handgelenks für eine technisch saubere Ausführung eine der wesentlichsten Voraussetzungen. Deshalb soll die Schlägerhaltung dem Handgelenk eine unverkrampfte Beweglichkeit ermöglichen.

Ballgefühl / Tastempfinden

Die Schlägerhaltung soll so geartet sein, daß die beim Aufprall des Balles auf dem Schläger sich ergebenden Tastreize optimal durch die Rezeptoren der Haut aufgenommen werden können und dadurch ein gutes Ballgefühl ermöglichen.

Individuelle Spielweise unterstützen

Die Schlägerhaltung soll eine vielseitige und variable Spielweise ermöglichen. Sie soll in positiver Richtung unterstützen, so daß die Vorteile einer bestimmten Schlägerhaltung möglichst optimiert und die Nachteile minimiert werden.

Shake-Hands-Haltung

Es stehen grundsätzlich zwei fundamental voneinander abweichende Schlägerhaltungen zur Wahl, nämlich die Penholderhaltung (engl. Federhalter), die vorwiegend von Asiaten gespielt wurde, und die Shake-Hands- oder orthodoxe Schlägerhaltung, die viele Jahre vornehmlich von Europäern benutzt wurde. Während bei der Penholderhaltung nur eine Seite des Schlägers belegt ist und sowohl Vorhand als auch Rückhand mit dieser Seite gespielt werden, sind bei der Shake-Hands-Schlägerhaltung beide Seiten belegt.

Da die Asiaten, besonders die Chinesen, viele Jahre mit der Penholderhaltung das Welttischtennis dominierten, wurden ihre Erfolge häufig dieser Schlägerhaltung zugeschrieben. Die Europäer könnten mit der Penholderhaltung niemals solches Gefühl entwickeln wie die Asiaten, die alleine durch den Umgang mit Eßstäbchen einen uneinholbaren Vorsprung hätten, war die landläufige Meinung.

Als dann aber vor etlichen Jahren auch chinesische Spieler mit der Shake-Hands-Haltung antraten und sich an den Erfolgen nichts änderte, zudem auch einige Europäer mit der Penholderschlägerhaltung Erfolge erzielten, kam man wieder zu einer realistischeren Einschätzung des Einflusses der beiden Schlägerhaltungen. In diesem Buch wird nur auf die bei uns übliche Shake-Hands-Haltung eingegangen.

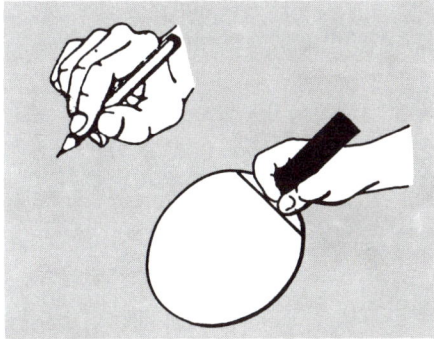

Penholderhaltung

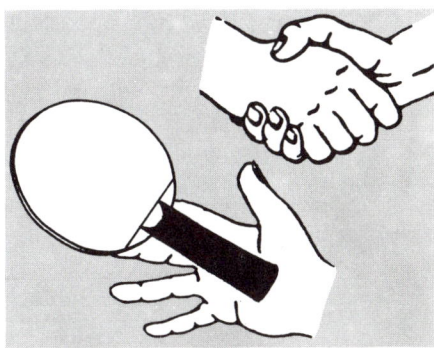

Shake-Hands-Haltung

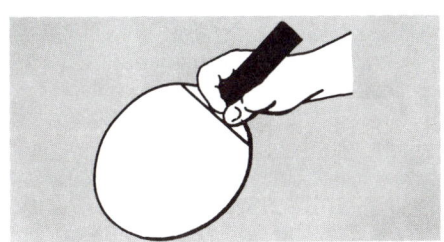

Vorhandseite bei der Penholderschlägerhaltung (mit Belag)

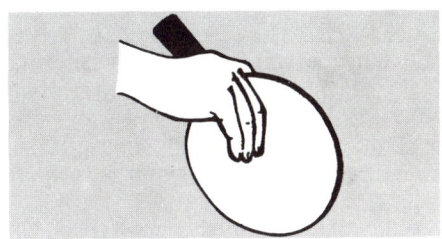

Rückhandseite bei der Penholderhaltung (ohne Belag)

Wie finde ich meine ideale Schlägerhaltung?

Wie Sie auf den nächsten Seiten noch sehen werden, gibt es bei der Shake-Hands-Haltung eine ganze Reihe unterschiedlicher Varianten, die jeweils Vorteile, aber auch Nachteile haben. Um es vorweg zu sagen:

Eine einzig richtige, für alle und jede Spielweise optimale Schlägerhaltung gibt es nicht!
Dies liegt in erster Linie an vier verschiedenen Faktoren:

Anatomie der Hand und des Handgelenks

Jede menschliche Hand ist anders gebaut. Pauschal gesehen reicht die Palette von der kleinen Kinderhand über die zarte, schmale Frauenhand bis hin zur kräftigen Männerhand.
Da der Schläger aber immer in etwa die gleiche Größe hat, mag alleine der Vergleich der Relationen von Hand und Schläger beweisen, daß Unterschiede in der Schlägerhaltung angebracht sind.

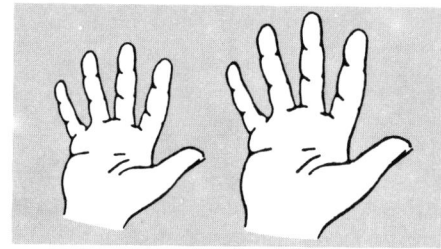

Hände unterschiedlicher Größe

Die persönliche Spielweise

Die unterschiedlichen Schlägerhaltungen können die Hebelverhältnisse und damit die Ausführungsgenauigkeit und Wirksamkeit der einzelnen Schläge und Schlagarten stark beeinflussen. Eine nicht optimale Schlägerhaltung kann die spielerische Entwicklung hemmen, ja sogar blockieren. Spielweise und Schlägerhaltung sollten sich gegenseitig positiv beeinflussen.

Größe, Form und Gewicht des Schlägers

Es gibt eine große Vielfalt an Schlägergrößen, Griff- und Schlägerformen und Schlägergewichten. Diese Faktoren beeinflussen später den Schlagablauf und stehen auch mit der Schlägerhaltung in einem gegenseitigen Wirkungsverhältnis.

Trainingszustand

Während eines Trainingsprozesses verändern sich die Ausführungsqualität und die raumzeitlichen Abläufe von Schlagarten. Mit diesen Veränderungen muß die Schlägerhaltung Schritt halten, das heißt, sie soll die Fortschritte möglichst mit einleiten helfen, niemals verhindern.

Deshalb:
*Stellen Sie Ihre eigene Schlägerhaltung immer wieder in Frage!
Betrachten Sie sie als einen immerwährenden Prozeß des Suchens, Findens und wieder Infragestellens und nicht als konstanten Faktor!*

Positionierung der Stützfinger

Zeigefinger

Der Positionierung der Stützfinger, in diesem Falle des *Zeigefingers*, kommt eine ziemliche Bedeutung zu für die Schlagsicherheit und Präzision, die Wucht in der Schlagführung (den Druck), die Beweglichkeit des Handgelenks und die Wahrnehmung der Tastreize eines auftreffenden Balles auf dem Schlägerblatt.
Von den anatomisch möglichen Varianten greifen wir die beiden extremsten Varianten A und B heraus und zeigen die Vor- und Nachteile dieser Varianten. Im Anschluß daran wird die Standard- oder Normalhaltung beschrieben (Version C). Zwar sollte jeder Anfänger auch einmal die anderen Varianten ausprobieren, aber zunächst gilt es, sich ziemlich eng an der Version C zu orientieren, weil man damit alle Schlagarten relativ gut und sicher ausführen kann (Normalhaltung).

Version A

Der Zeigefinger liegt ziemlich in der Blattmitte auf und bildet die Verlängerung des Schlägergriffes. Mit dieser Schlägerhaltung lassen sich sämtliche Vorhandangriffsschläge wie Konter, Topspin und Endschlag mit viel Kraft und einer sehr guten Kontrolle und Schlagsicherheit ausführen.
Die Übertragung des vom Spieler gewünschten Druckes auf das Schlägerblatt erfolgt durch den in der Mitte liegenden Zeigefinger ziemlich gleichmäßig und direkt auf das ganze Blatt.

Schwierigkeiten treten bei dieser Haltung aber bei allen Rückhandschlägen auf, da sehr häufig der auf der Schlägermitte liegende Finger getroffen wird.

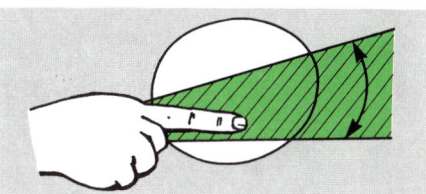

Lage des Zeigefingers

Version B

Mit dieser Schlägerhaltung ist eine ausgezeichnete Beweglichkeit des Handgelenkes verbunden, allerdings sind sowohl die Tastwahrnehmung, das heißt das Ballgefühl, als auch die Möglichkeit, dem Schläger mit dem Zeigefinger Druck zu verleihen, stark eingeschränkt.
Durch die gute Beweglichkeit des Handgelenks lassen sich alle Schlagarten, die

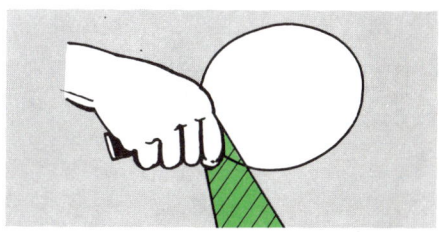

Starker Knick des Zeigefingers im 2. Glied

kurze Impulse aus Handgelenksbewegungen benötigen, wie Flips, kurze Topspins über oder nahe hinter dem Tisch, sehr variantenreich und gefährlich ausführen. Doch mindert gerade diese extreme Beweglichkeit im Handgelenk bei einem Anfänger die Präzision und Schlagsicherheit.

Der Zeigefinger liegt bei dieser extremen Schlägerhaltung kaum mehr auf dem Schlägerblatt auf. Lediglich in Höhe des Griffansatzes wird das Schlägerblatt durch den Zeigefinger etwas fixiert.

Diese Fixierung kann sowohl durch einen starken als auch schwachen Knick im zweiten Zeigefingerglied erreicht werden.

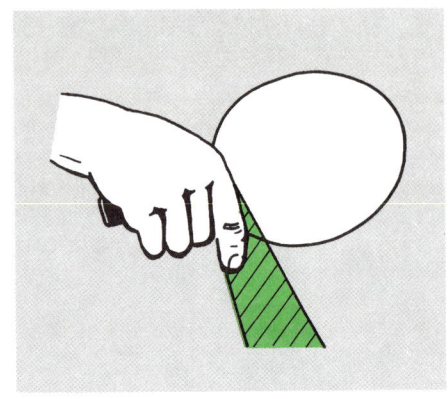

Schwacher Knick des Zeigefingers im 2. Glied

Version C

Bei dieser Schlägerhaltung liegt die Innenfläche des Zeigefingers mit der ganzen Länge auf. Das Ende des ersten Zeigefingergliedes reicht bis nahe an den Schlägerrand heran oder leicht über das Blattende hinaus (Haltung C1). Der im ersten Glied abgeknickte Zeigefinger kann aber auch die Schlägerkante umfassen (Version C2).

Mit beiden Versionen lassen sich alle Schlagarten gut ausführen. Beweglichkeit des Handgelenks, Ballgefühl und die Möglichkeit, Druck zu machen, sind ausreichend gegeben.

Das Umfassen der Schlägerkante (C2) bringt insbesondere noch einmal Vorteile bei Vor- und Rückhandtopspins, da es das Anheben des Schlägers unterstützt.

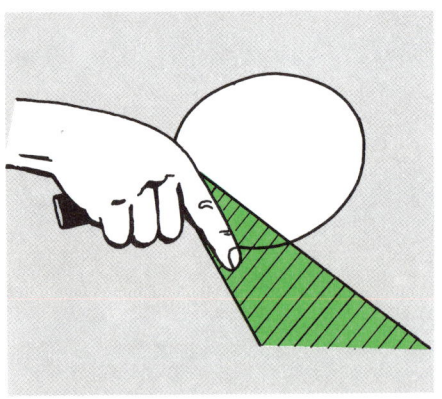

Schlägerhaltung C1

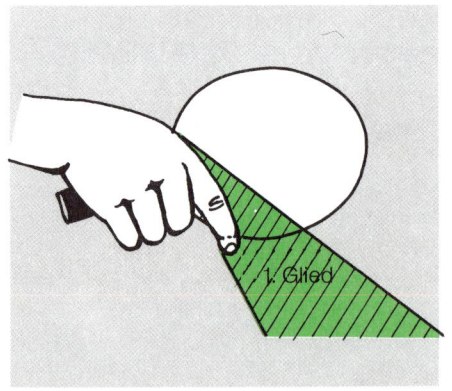

Schlägerhaltung C2

Daumen

Ebenso wie der Position des Zeigefingers fällt auch der des Daumens eine maßgebende Rolle zu. Die Art der Position nimmt Einfluß auf die Ballsicherheit bei der Ausführung der einzelnen Schlagarten sowie auf das Ballgefühl und die Beweglichkeit des Handgelenks.

Auch hier gibt es zwei extreme Möglichkeiten, A und B, an denen die Stärken und Schwächen der verschiedenen Positionen aufgezeigt werden sollen.

Die Standard- oder Normalhaltung, Version C, resultiert aus dem Kompromiß der beiden extremen Haltungen A und B, die im Vergleich zur Standardhaltung gewisse Vor- und Nachteile haben. Zwischen den Varianten gilt es abzuwägen, welche Haltung das eigene Spiel am besten unterstützt.

Der Anfänger sollte sich zunächst nicht zu sehr von der Standard- oder Normalhaltung entfernen.

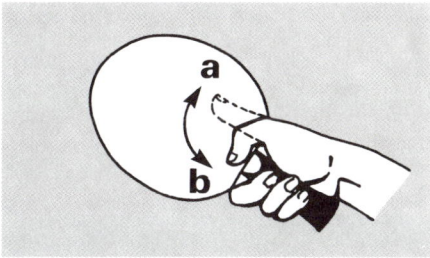

Möglichkeiten für die Lage des Daumens

Version A, Extrem I: nach oben zeigender Daumen

Bei dieser Schlägerhaltung, bei der der Daumen nahezu gestreckt entweder mit der Unterseite oder aber mit der seitlichen Fingernagelkante auf dem Schlägerblatt aufliegt, ist durch die Stützung des Daumens eine gute Stabilität in der Schlagführung gegeben. Rückhandschläge können zudem mit erheblich mehr Druck und Präzision ausgeführt werden. Die Wirksamkeit der Vorhandschläge, ja die Ausführbarkeit der Vorhandschläge überhaupt wird stark eingeschränkt.

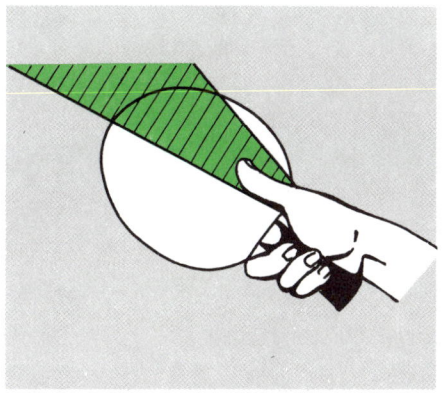

seitlich verkantet

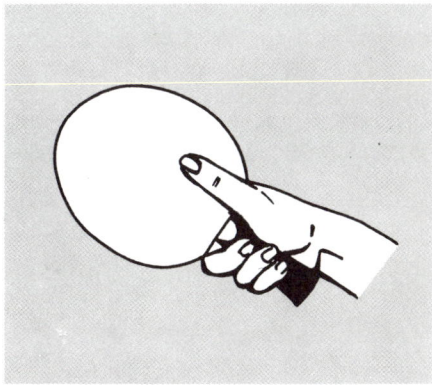

voll aufliegend

Version B, Extrem II: nach unten zeigender Daumen

Bei dieser Schlägerhaltung mit teilweise abgeknicktem Daumen beraubt man sich bei der Schlagausführung zwar der Stützung durch den Daumen, was zu unsicheren und weniger präzisen Schlägen führen kann, gleichzeitig aber ergeben sich Vorteile beim Spiel über dem Tisch (z. B. Flip, Block und kurzer Topspin).

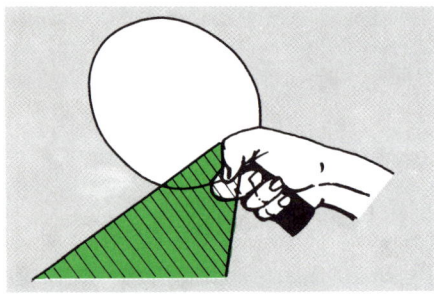

Daumen abgeknickt

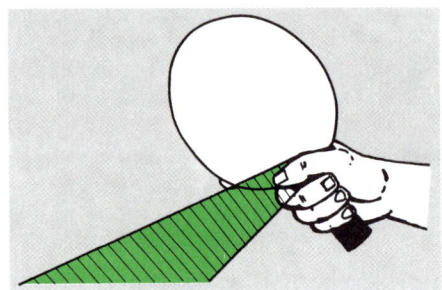

Daumen gerade

Version C, Standard- oder Normalhaltung

Mit dieser Daumenhaltung, die ein Kompromiß zwischen den beiden anderen Haltungen ist, lassen sich alle Schlagarten relativ gut ausführen.

Zwar kann man auf der Rückhandseite nicht soviel Druck ausüben wie bei Variante A, dafür wird die Wirksamkeit der Vorhand nicht herabgesetzt.

Außerdem ist eine ausreichende Beweglichkeit des Handgelenks und ein hervorragendes Ballgefühl gegeben. Da sich mit dieser Haltung auch noch genügend Druck in die Schläge bringen läßt, sollte sich der Anfänger an dieser Variante orientieren.

Später, wenn er alle Schlagarten in der Grob- und Feinform einigermaßen beherrscht und er weiß, welche Spielweise (Abwehr, Halbdistanz oder Angriff) ihm am ehesten liegt, sind Abweichungen sinnvoll, weil dann die individuelle Spielweise unterstützt und das Spielniveau angehoben werden kann.

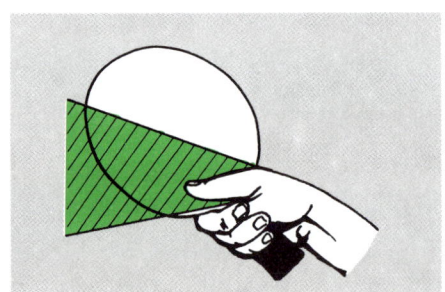

Daumenhaltung Version C

Positionierung der Schlägerkante in der Handinnenfläche

Wenn man die Handfläche öffnet und alle Finger weit nach außen spreizt, erhält man eine große Auflagefläche. Daraus leiten sich eine ganze Reihe von möglichen Positionen ab, an denen die Schlägerkante ansetzen könnte.
Je nach gewähltem Ansatz ergibt sich automatisch eine bestimmte Stellung des Schlägerblattes.
Es lassen sich drei Möglichkeiten unterscheiden, von denen die beiden extremen Ansätze I und II jeweils Vor- und Nachteile mit sich bringen. Die für Anfänger empfohlene Standardhaltung III hat die Nachteile nicht, muß aber auch auf die Vorteile der anderen Varianten verzichten.

Der fortgeschrittene Spieler muß diejenige Haltung finden, die sein Spiel optimiert.

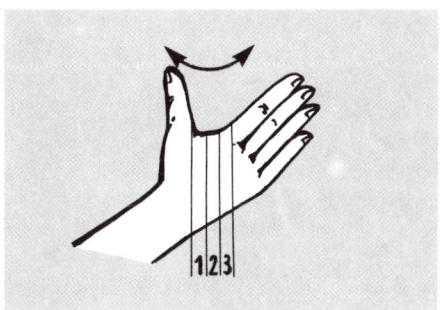

Ansätze des Schlägerblattes

Extrem I: Ansatz des Schlägerblattes in Daumennähe

Bei dieser Schlägerhaltung ergibt sich durch den Ansatz in der Daumenmulde eine Haltung, die bei Vorhandschlägen das Schlägerblatt mehr verdeckt, während bei Rückhandschlägen das Schlägerblatt jeweils offener geführt wird.
Das führt dazu, daß in Tischnähe alle Schlagarten bis auf den Rückhandtopspin gut, manche Schlagarten wie der Vorhandtopspin sogar sehr gut ausgeführt werden können. Sobald sich der Spieler vom Tisch wegbewegt, erhöhen sich die Schwierigkeiten. Kraftvolle Bewegungen, besonders mit langem Arm, sind erschwert, Vorhandschmetterbälle fast unmöglich. Alle Unterschnittvarianten sind kaum ausführbar, das heißt, für Abwehr- und Allroundspieler ist diese Schlägerhaltung nicht zu empfehlen.

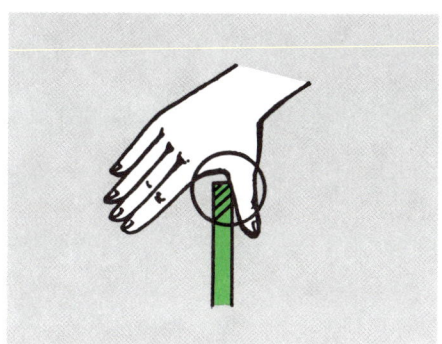

Ansatz in der Daumenmulde

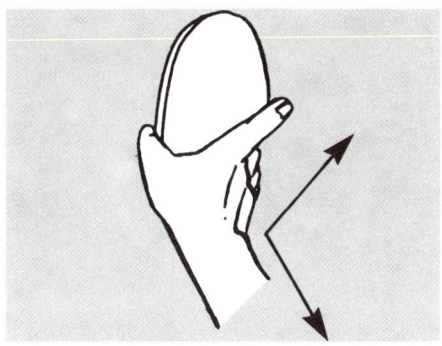

Winkel des Schlägerblattes

Extrem II: Ansatz des Schlägerblattes in Zeigefingernähe

Im Gegensatz zu Extrem I führt der Ansatz des Schlägers in Zeigefingernähe zu einer Haltung, die das Schlägerblatt bei Rückhandschlägen stark verdeckt und bei Vorhandschlägen stark öffnet. Schupf- und Schnittabwehrbälle können deshalb mit der Vorhandseite exzellent ausgeführt werden. Für Schnittbälle, Konter- und Spinbälle mit der Rückhand, in Distanz zum Tisch gespielt, trifft dies nur mit Abstrichen zu. Alle Schläge nahe am oder über dem Tisch, wie Flips und Endschläge, lassen sich nur sehr schwer ausführen.

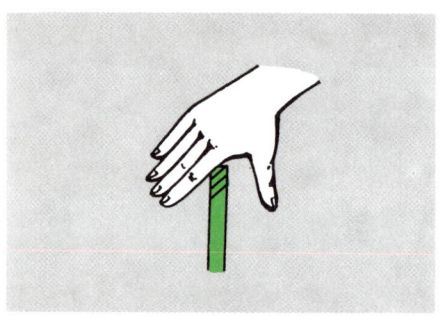

Ansatz in Zeigefingernähe

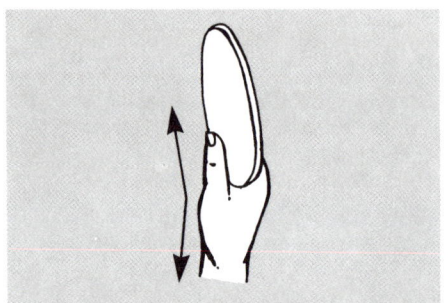

Winkel des Schlägerblattes

Standard- oder Normalhaltung III:

Auch hier liegt der Kompromiß zwischen Extrem I und II. Sämtliche Angriffs- und Abwehrschläge sind gut auszuführen. Je nach Spielweise kann die Haltung, unter Abwägung aller Vor- und Nachteile, mehr zu Ansatz I oder zu Ansatz II tendieren.

Der Anfänger sollte erst dann von der Standardhaltung abweichen, wenn sich seine individuelle Spielweise bereits herauskristallisiert hat.

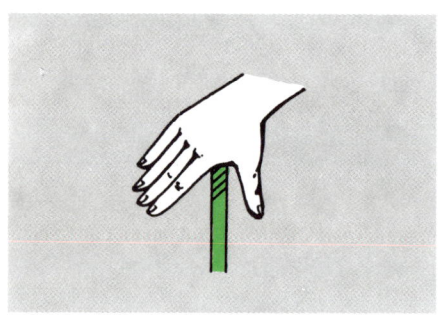

Ansatz zwischen Daumen und Zeigefingeransatz

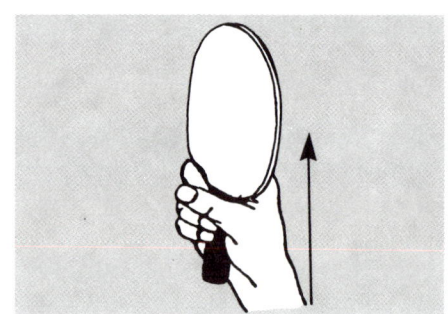

Senkrechtes Schlägerblatt

Stellung des Handgelenks oder Winkel des Schlägerblattes zum Unterarm

Auch bei der Stellung des Handgelenks gibt es viele unterschiedliche Möglichkeiten. Die Palette reicht von der Variante A, mit stark nach unten abgeknicktem Handgelenk, bis zur anderen extremen Möglichkeit der Variante B, mit stark nach oben abgeknicktem Handgelenk.
Alle Varianten haben auch hier Vor- und Nachteile.
Prinzipiell sind auch für Vorhand und Rückhand unterschiedliche Varianten denkbar, ja sogar sinnvoll. Der Anfänger sollte seine Schlägerhaltung jedoch nahe an Variante C anlehnen. Die Standard- oder Normalhaltung ermöglicht eine relativ gute Ausführung aller Schlagarten. Für fortgeschrittene Spieler sind unterschiedliche Varianten für Vorhand und Rückhand denkbar, im Regelfalle aber wegen des Umgreifens doch nicht empfehlenswert.

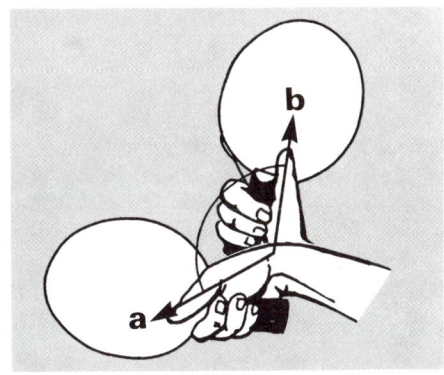

Anatomisch mögliche Varianten

Version A: Schlägerblatt unter Handgelenkshöhe

Bei dieser Schlägerhaltung ist das Handgelenk nach unten abgeknickt. Dadurch ist die Beweglichkeit des Handgelenks stark eingeschränkt und der Variantenreichtum sowie die Variationsbreite einer einzelnen Schlagart begrenzt. Mit dieser Haltung lassen sich Vorhandschläge wie Konter, Topspin und Schuß mit sehr viel Druck bei hoher Schlagsicherheit ausführen. Dies gilt auch für die verschiedenen Abwehrschläge. Auf der Rückhandseite ist der Topspin hinter dem Tisch gut zu spielen, alle Schläge über dem Tisch sind schwierig.

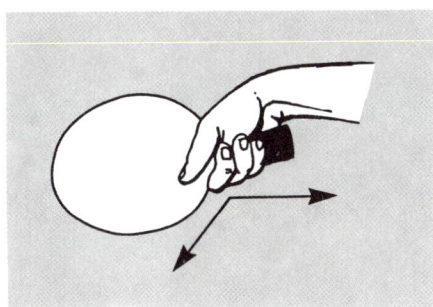

Vorhand

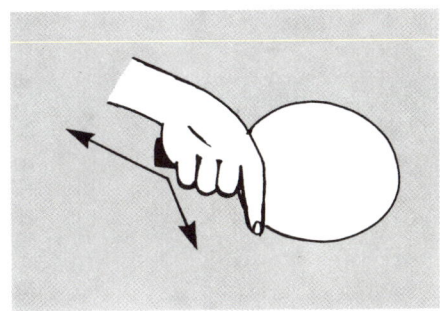

Rückhand

Version B: Schlägerblatt über Handgelenkshöhe

Bei dieser Haltung ist das Handgelenk nach oben abgeknickt. Unterarm und Schlägerblatt stehen fast in einem Winkel von 90 Grad zueinander. Vorhandendschläge (Schmetterbälle) und Vorhandunterschnittschläge sind schwierig und nur mit vermindertem Druck auszuführen. Schlagarten wie Flip und Topspin, die mit kurzen Handgelenksbewegungen gespielt werden, können mit dieser Haltung gut und variantenreich, wenn auch auf Kosten der Sicherheit durchgeführt werden. Auf der Rückhandseite gelingen Block, Konter und Schuß besonders gut. Alle anderen Schlagarten werden durch diese Schlägerhaltung behindert.

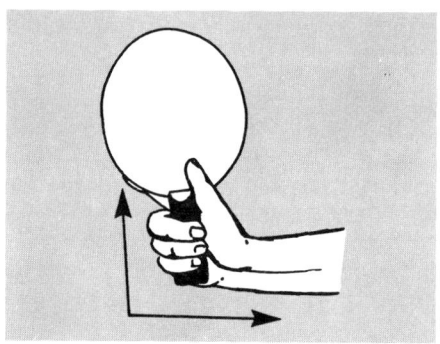

Vorhand

Rückhand

Version C: Standard- oder Normalhaltung. Schlägerblatt auf Handgelenkshöhe

Bei dieser Schlägerhaltung ist das Blatt die direkte Verlängerung des Unterarms. Die Standard- oder Normalhaltung ist auch hier als Kompromißlösung anzusehen, bei der alle Schlagarten relativ gut gespielt werden können. Besonders Anfänger, aber auch fortgeschrittene Allroundspieler sollten sich deshalb bei der Schlägerhaltung eng an diese Variante anlehnen.

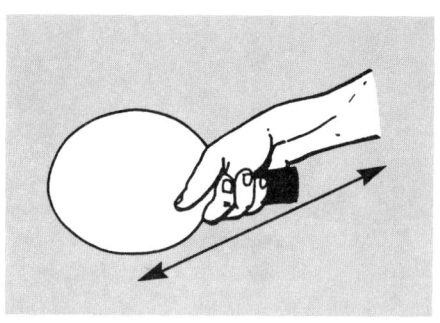

Vorhand

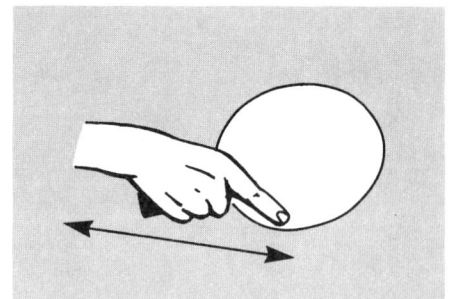

Rückhand

Wo fasse ich den Schlägergriff an?

Aus der großen Anzahl der verschiedenen Schlägerhaltungen greifen wir auch hier wieder die extremsten Haltungen heraus, um daran das ganze Spektrum der Möglichkeiten aufzuzeigen.

So kann man den Schlägergriff sowohl weit oben (Haltung I), in der Griffmitte (Haltung II) oder auch am Griffende (Haltung III) anfassen.

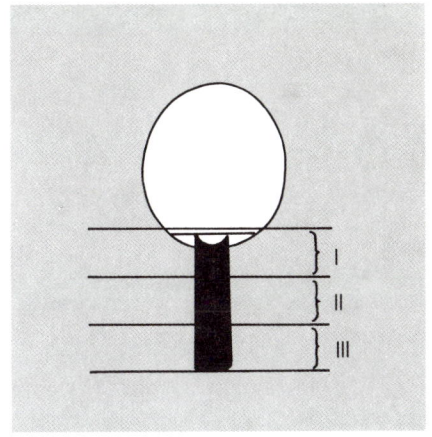

Griffvariationen

Extrem I

Bei der Haltung ganz oben am Griff, in der Nähe des Schlägerblattes, sind kurze, prägnante Handgelenksbewegungen am leichtesten auszuführen, weil das Gewicht von Blatt und Griff ziemlich ausbalanciert ist. Schnelle Handgelenksbewegungen sind besonders wichtig für Angreifer nahe am Tisch, denn Flips und Topspins über dem Tisch lassen sich mit dieser Variante am besten ausführen.

Extrem I: Griffansatz am oberen Ende des Griffes

Extrem II

Hält man den Schläger am Griffende, kann man mit der größten Hebelwirkung und Reichweite arbeiten. Deshalb wird diese Haltung besonders von Spinspielern aus der Halbdistanz bevorzugt. Diese Spieler, die meist etwas weiter hinter dem Tisch stehen, nehmen in Kauf, daß ein Wechsel von Vorhand zu Rückhand mehr Zeit braucht.

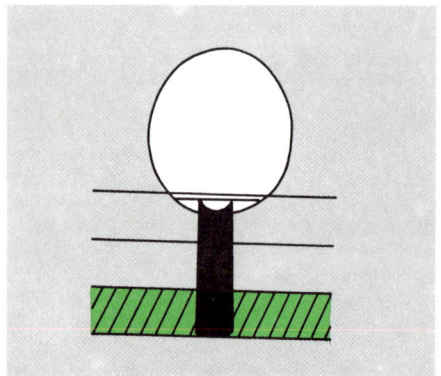

Extrem II: Griffansatz am unteren Ende des Griffes

Standard- oder Normalhaltung

Mit dieser Haltung sind alle Schlagarten relativ gut und sicher auszuführen. Deshalb ist diese Schlägerhaltung zunächst allen Anfängern nahezulegen. Sie bringt für keine Schlagart extreme Vor- und Nachteile.

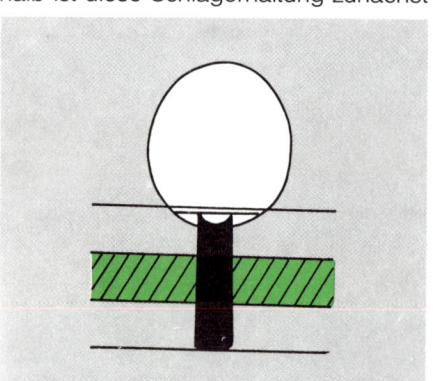

Standardhaltung III: Griffansatz etwa Mitte des Griffes

Wie fasse ich den Schläger an?

Die wenigsten Spieler haben sich wohl über den Druck, mit dem sie den Schläger anfassen, Gedanken gemacht. Auch hier gibt es zwei extreme Möglichkeiten und die Standardhaltung.

Extrem I: Feste Schlägerhaltung

Durch starken Druck aller Finger auf Griff und Schlägerblatt kann man, ähnlich wie bei einem Flitzebogen, eine starke Vorspannung erzeugen. Da ein vorgespannter Muskel schneller und direkter reagieren kann, bedeutet ein fester Griff möglicherweise eine Zeitersparnis durch raschere und direktere Reaktionsmöglichkeit.

Eine ständige Vorspannung führt leicht zu Verkrampfungen, Verspannungen und gegebenenfalls zu Überlastungen, die eine schnellere Ermüdbarkeit sowie eine gewisse Herabsetzung des Feingefühls nach sich ziehen.

Extrem II: Lockere Schlägerhaltung

Eine extrem lockere Schlägerhaltung beugt zwar sämtlichen Verkrampfungen und frühzeitigem Ermüden vor, sie ermöglicht auch ein optimales Ballgefühl, aber es kann schnell zu unstabilen und unkontrollierten Schlagführungen kommen. Das Spiel verliert dadurch an Sicherheit und Präzision.

Standard- oder Normalhaltung

Als Kompromiß für die meisten Standardsituationen und für Anfänger am empfehlenswertesten erweist sich eine Schlägerhaltung, die den Schläger zwar locker, aber doch mit solchem Druck umfaßt, daß er unverrückbar in der Hand liegt. Mit dieser Haltung sind weder große Vor- noch Nachteile verbunden. Alle Schlagarten lassen sich mit dieser Haltung gut spielen.

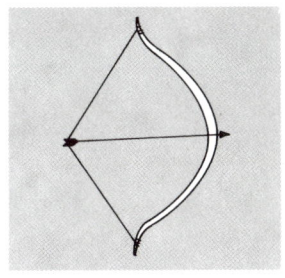

straffe Bogenspannung
Extrem I

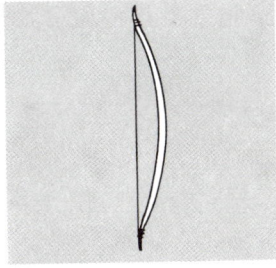

lockere Bogenspannung
Extrem II

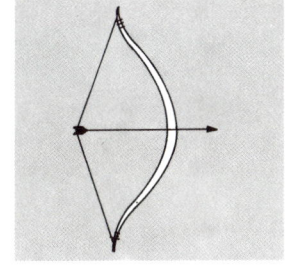

leichte Bogenspannung
Standardhaltung

Fazit für Fortgeschrittene

Am günstigsten ist eine variable Handhabung je nach Spielweise und Situation. Also für die meisten Standardsituationen die Standardhaltung, in besonderen Fällen (z. B. Flip) eine stärkere Vorspannung oder noch mehr Lockerheit, etwa gegen Ende eines Spieles, wenn normalerweise eine gewisse Verkrampfung einsetzt.

Besondere Druck- und Haltepunkte

An dieser Stelle möchte ich noch auf den Einfluß von einigen Druck- und Haltepunkten auf die Schlagausführung hinweisen. Allgemeine Angaben sind äußerst schwierig zu machen, da viele individuelle Gegebenheiten wie Schlägerblattgröße, Gewicht des Schlägers, Gewichtsverteilung, Handgröße, Schlägerhaltung, Griffstärke und Grifflänge zu berücksichtigen wären.

Deshalb sollten Sie folgende Vorschläge selbst ausprobieren. Üben Sie einmal in horizontaler und einmal in vertikaler Richtung (siehe Zeichnungen) Druck auf den Schlägergriff aus, nacheinander mit jedem Finger der Hand. Vergleichen Sie die Ergebnisse mit einer Schlägerhaltung, bei der kein Druck ausgeübt wird. Variieren Sie auch die Stärke des Druckes. Sie werden bemerken, daß solch kleine Veränderungen große Wirkungen erzielen können. *Probieren geht über Studieren.* Deshalb sollten Sie von Zeit zu Zeit alle aufgeführten Möglichkeiten durchprobieren und so allmählich die ideale Schlägerhaltung finden oder weiterentwickeln.

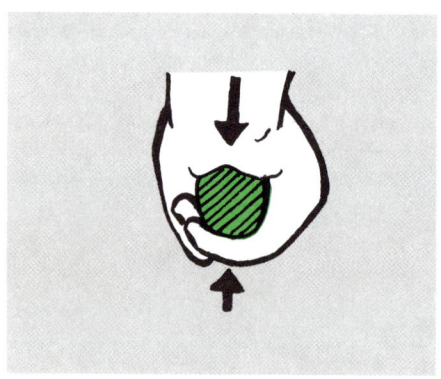 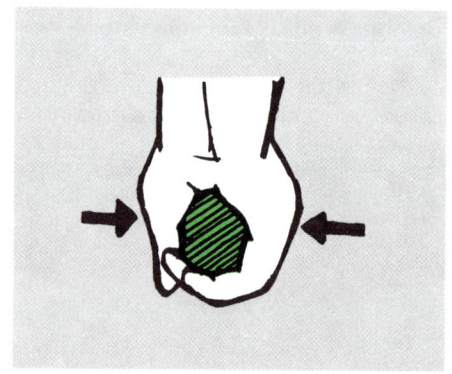

Druck von oben und unten (vertikal) *Seitlicher Druck*

Grundformen der Schlagarten

Alle Schlagarten des Tischtennisspiels, ob sie nun Topspin, Unterschnitt oder Endschlag heißen, lassen sich vom Bewegungsablauf her auf drei Grundformen reduzieren. Diese Grundformen unterscheiden sich in der Hauptbewegungsrichtung.

Grundform I: Bewegungsrichtung aufwärts, Spintechnik

Zu dieser Grundform zählen alle Schlagarten, deren Bewegung hauptsächlich nach *oben* vorne gerichtet ist. Die durch diese Aufwärtsbewegung getroffenen Bälle erhalten eine Vorwärtsrotation (Spin). Die Aufwärtsbewegung ist das Kennzeichen für die Spintechnik.

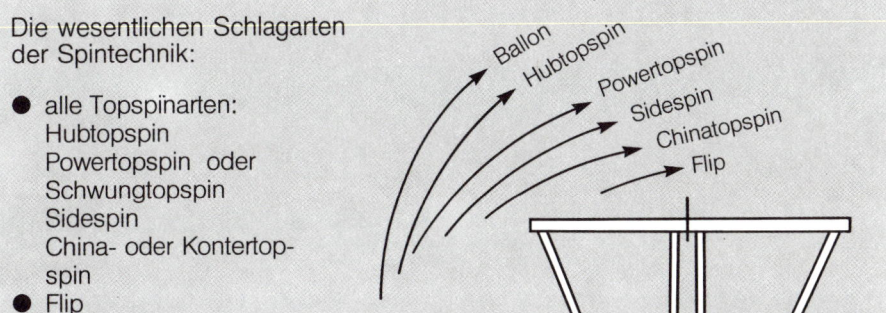

Die wesentlichen Schlagarten der Spintechnik:

- alle Topspinarten:
  Hubtopspin
  Powertopspin oder
  Schwungtopspin
  Sidespin
  China- oder Kontertopspin
- Flip
- Ballon

Grundform II: Bewegungsrichtung vorwärts, Block- und Kontertechnik

Zu dieser Grundform zählen alle Schlagarten, deren Schlagbewegungen hauptsächlich nach *vorne* gerichtet sind. Die leichte Aufwärtsbewegung ist notwendig zur Überwindung der Netzhöhe. Deshalb erhält der Ball auch eine minimale Vorwärtsrotation.

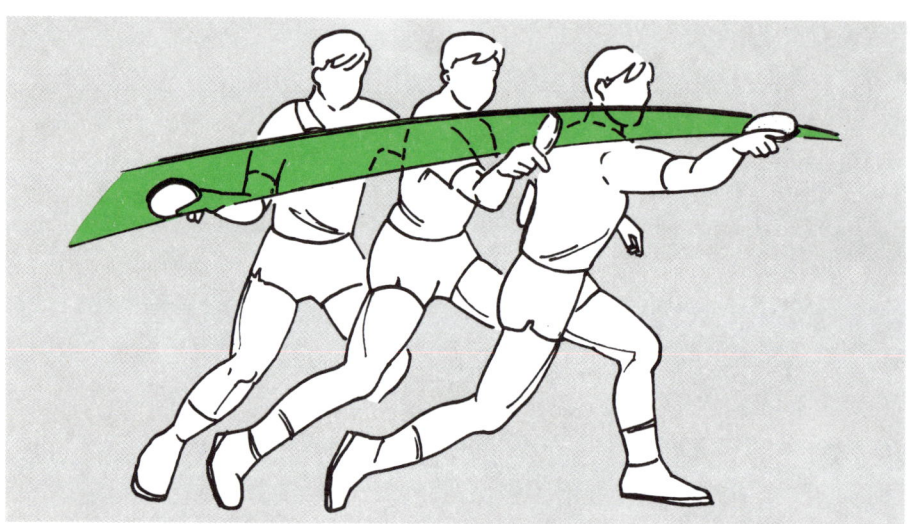

Die wesentlichen Schlagarten der Block-/Kontertechnik:

- Endschlag, Schmetterball oder Schuß
- Konter
- Block

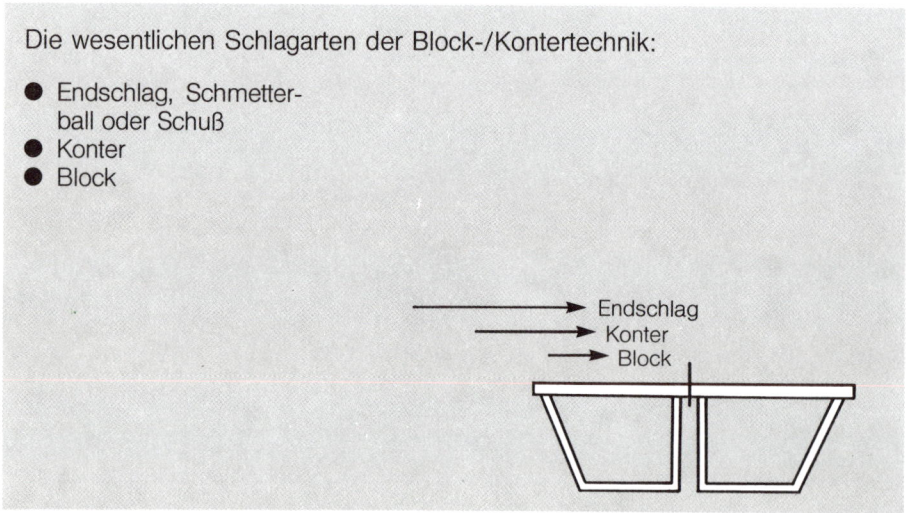

Grundform III: Bewegungsrichtung abwärts, Verteidigungstechnik

Zu dieser Grundform zählen alle Schlagarten mit Hauptbewegungsrichtung nach *unten* vorne. Die während dieser Abwärtsbewegung getroffenen Bälle erhalten eine Rückwärtsrotation (Unterschnitt). Die Abwärtsbewegung ist das kennzeichnende Merkmal der Verteidigungstechnik.

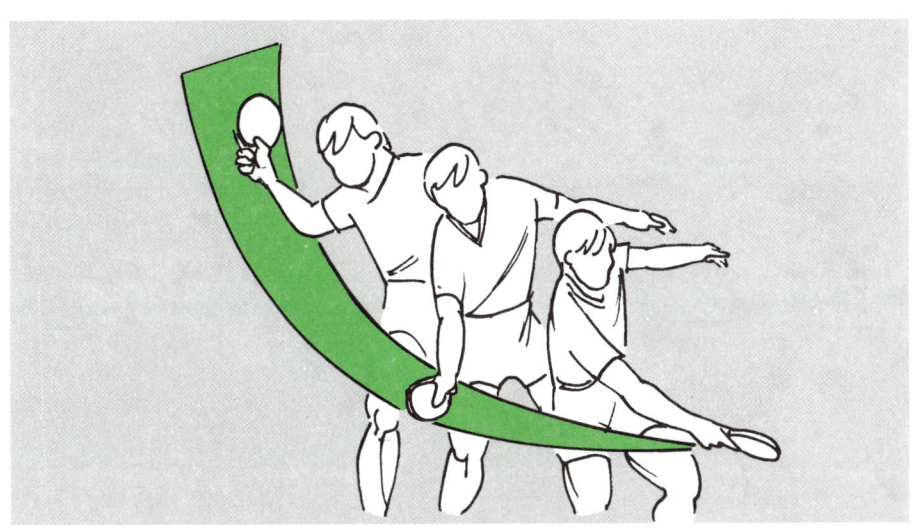

Die wesentlichen Schlagarten der Verteidigungstechnik:

- alle Varianten des Unterschnittschlages
- Schupf
- Stopp

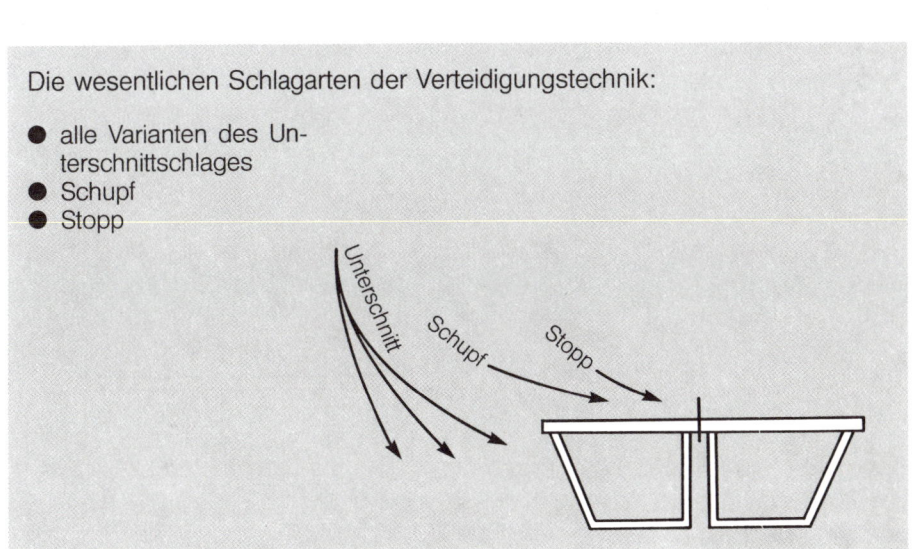

Bewegungsrichtung aufwärts – Spintechnik

Spintechnik ist die Technik des Halbdistanzspielers
Die einzelnen Schlagarten mit Bewegungsrichtung aufwärts:
1. alle Topspinarten
   Hubtopspin
   Chinatopspin
   Powertopspin
2. alle Ballonschläge
3. alle Flipschläge

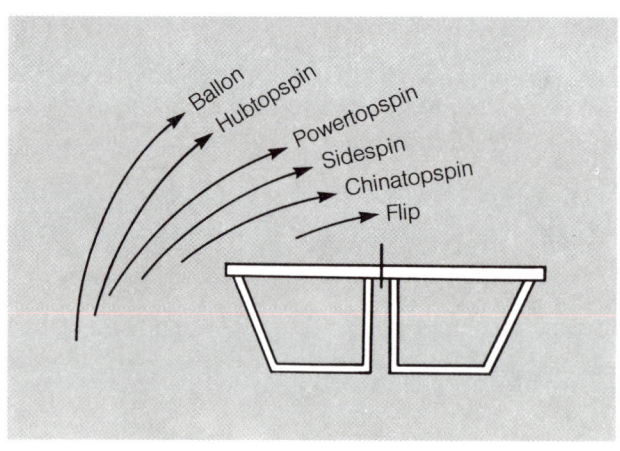

Ballerwartungshaltung

Die Spintechnik mit Hauptbewegungsrichtung nach oben wird vornehmlich von Halbdistanzspielern angewandt. Bei Angriffsspielern ist die Spinbewegung meist schon stärker nach vorne gerichtet. Deshalb wird hier die Bereitschaftsstellung des Halbdistanzspielers beschrieben.

Das Betätigungsfeld des Halbdistanzspielers ist zwischen dem des Angriffsspielers (nahe am Tisch) und dem des Abwehrspielers (3-m-Zone). Meist spielt der Halbdistanzspieler Topspin in allen Variationen, doch wendet er neben Spinschlägen auch Schläge aus dem Repertoire des Angriffs- und Abwehrspielers an. Er ist ein Pendler zwischen den drei Spielsystemen. So ist auch seine Ballerwartungshaltung ein Kompromiß aus den beiden anderen extremeren Haltungen. Sie ist nicht so tief wie die des Angriffsspielers, aber auch nicht so aufrecht wie die des Abwehrspielers. Die Grätsche ist also im Normalfall von mittlerer Breite. Das Körpergewicht lastet zum größeren Teil auf den Ballen.

Mittlere Grätsche

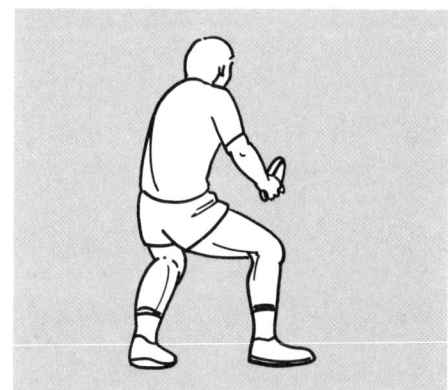
Verteilung des Körpergewichts

Position am und zum Tisch

Die Position des Halbdistanzspielers bei der Ballerwartung ist im Regelfall 80 bis 150 cm hinter dem Tisch, meist etwas zur Rückhandseite versetzt. Wenn Vorhand und Rückhand gleich gut sind, tendiert die Stellung etwas mehr zur Mittellinie. Je mehr die Position zur Rückhandseite versetzt wird, desto geöffneter sind Position und Haltung zur Vorhandseite hin (seitlichere Stellung).

Vorhandtopspin

Der Topspinschlag wurde ursprünglich von den Asiaten entwickelt. Vor einigen Jahren haben die Ungarn Jonyer, Gergely und Klampar, aber auch andere europäische Spitzenspieler wie Secretin und Surbek das Topspinspiel neben dem Endschlag zu der dynamischsten Schlagart gemacht.
Bei den Tischtenniseuropameisterschaften 1978 in Duisburg wurden 30,9% aller Punkte mit dem Topspin erzielt. Mittlerweile dürfte der Prozentsatz noch höher liegen. *TOPSPIN = VORWÄRTSROTATION.* Während einer Aufwärtsbewegung des Schlägers nach oben vorne wird der Ball gestreift, so wie man ein Rad durch eine Bewegung von unten nach oben in Gang setzt. Dadurch bekommt der Ball eine Vorwärtsrotation. Durch diesen enormen Vorwärtsdrall hat ein Topspinball nach dem Aufsprung eine flachere Flugkurve als vorher (siehe oben).
Die Topspinbewegung setzt sich aus zwei Komponenten zusammen, aus der Bewegung von unten nach oben (Rotation) und der Bewegung von hinten nach

vorne (Translation). Beide Komponenten sind in einer einzigen Bewegung vereint. Wieviel Rotation oder Translation ein Ball mitbekommt, hängt einmal vom technischen Können des Spielers selbst ab, aber auch von Tempo, Rotation, Plazierung und Flugkurve des ankommenden Balles. Wichtig ist auch, an welchem Punkt seiner Flugkurve der ankommende Ball getroffen und zurückgeschlagen wird, je nach Annahmepunkt differiert die Ausführungsweise.

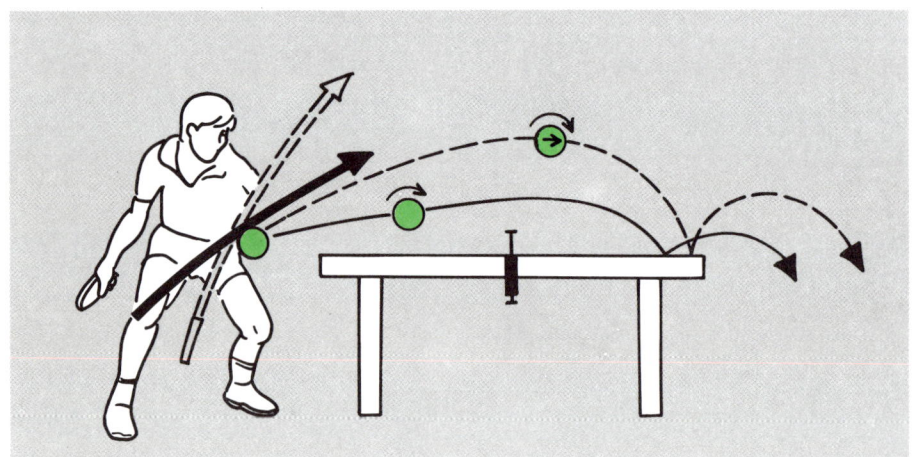

Flugkurven beim Vorhandtopspin

Überblick über die verschiedenen Topspinarten

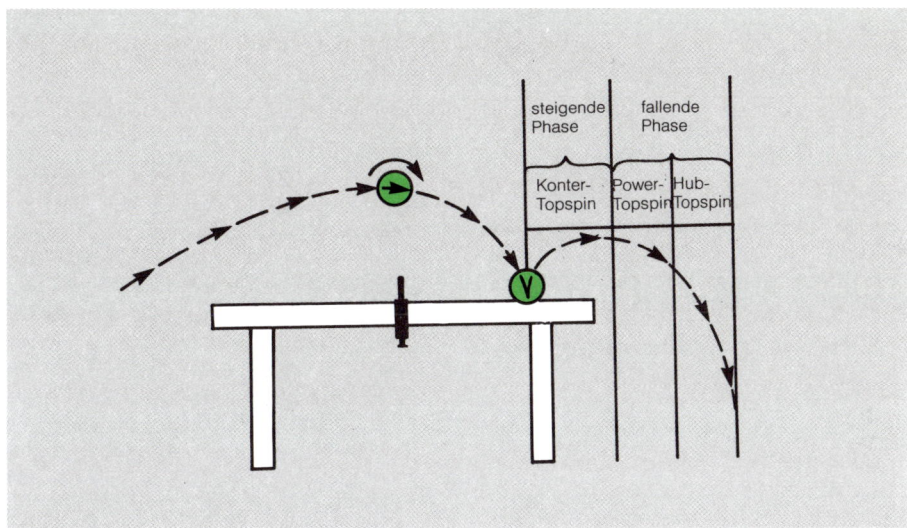

Balltreffpunkt der einzelnen Topspinarten

Um einen besseren Überblick über die verschiedenen Topspinarten zu geben, hier eine auf dem Balltreffpunkt basierende und nur zur groben Orientierung dienende Unterteilung.

Konter- oder Chinatopspin

Der Ball wird in der steigenden Phase angenommen. Bei diesem Schlag überwiegt die Translation die Rotation bei weitem.

Power- oder Schwungtopspin

Der Ball kann in der steigenden, aber auch im ersten Teil seiner fallenden Phase (der häufigste Fall) getroffen werden. Extremer Körpereinsatz bestimmt diesen Schlag. Rotation und Translation sind beide gleich wichtig.

Hubtopspin

Der Ball wird meist in der fallenden Phase getroffen. Der Hubtopspin ist in erster Linie gekennzeichnet durch ein extremes Anheben des Schlägerblattes und die damit verbundene starke Rotation.

Verschiedene Bewegungselemente zur Erzeugung der Vorwärtsrotation

Kennzeichen des Topspins ist die Bewegung nach oben vorne. Die Bewegungskomponente nach *oben*, die für die Rotation verantwortlich ist, soll hier näher beleuchtet werden. Diese Hubbewegung nach oben kann durch Beteiligung unterschiedlichster Skelett- und Muskelgruppen zustandekommen. Sechs Einzelelemente, die jeweils für sich alleine eine Hubbewegung bewirken, können sowohl untereinander als auch mit Translationselementen (Bewegung nach vorne) kombiniert werden.

1. Anheben des Beckens aus tiefer Hockstellung

Zunächst wird eine extrem tiefe Hockstellung eingenommen. Die Beine sind etwa schulterbreit oder auseinandergestellt. Durch explosiv-dynamisches Durchdrücken der Knie wird das Becken und damit der ganze Körper nach *oben* vorne katapultiert. Diese Möglichkeit erfordert genügend Zeit und enorme Schnellkraft.

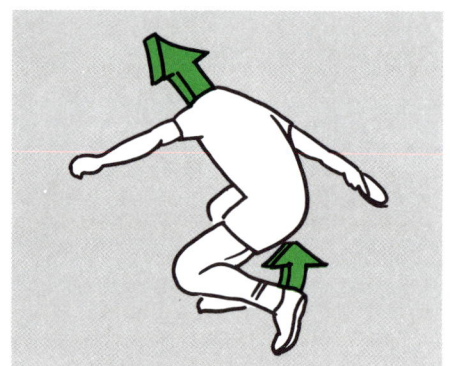

Anheben des Beckens

2. Hub- und Drehbewegung des Oberkörpers

Der gesamte Oberkörper wird seitlich nach unten gebeugt und das Körpergewicht auf das rechte hintere Bein verlagert. Aus dieser Ballerwartungshaltung wird der Oberkörper explosiv-dynamisch nach oben vorne gebracht. Das führt dazu, daß der Schlag mit der gesamten Schnellkraft des Körpers auf den Ball trifft, der auf die andere, gegnerische Plattenhälfte gepeitscht wird. Auch diese Bewegung erfordert viel Schnellkraft, jedoch nicht ganz so viel Zeit wie obige Bewegung.

Hub- und Drehbewegung des Oberkörpers

3. Anheben der Hüfte durch seitliche Gewichtsverlagerung

Bei paralleler Stellung zur Tischgrundlinie, die Füße sind etwa schulterbreit auseinander, werden in der Ausholphase etwa ²/₃ des Körpergewichtes auf den rechten Fuß gebracht. Durch Verlagerung des Gewichtes auf den linken Fuß entsteht die seitliche Hubbewegung. Bei Betrachtung besonders der rechten Hüfte (siehe auch die markierten Pfeile) wird dieses Anheben besonders deutlich.

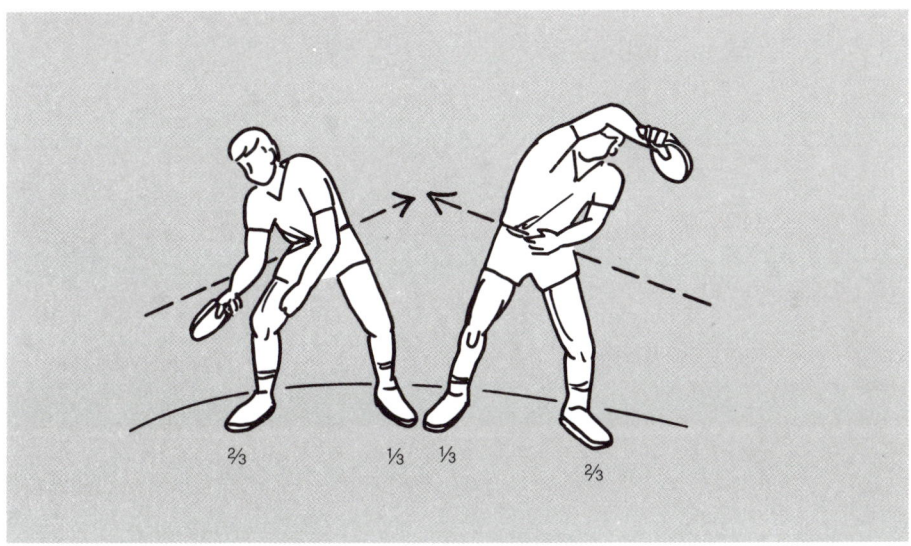

Anheben der Hüfte durch seitliche Gewichtsverlagerung

4. Anheben von Oberarm und Schultergelenk

Auch das alleinige Anheben von Oberarm und Schultergelenk kann Vorwärtsrotation erzeugen. Das explosive Anheben erfordert ein hohes Maß an Schnellkraft, besonders dann, wenn der Schlag mit gestrecktem Arm (langer Hebel) erfolgt. Mit angewinkeltem Arm wird weit weniger Kraft benötigt, allerdings auch nicht eine so extreme Ballbeschleunigung erreicht.

Anheben von Oberarm und Schultergelenk

5. Anwinkeln des Unterarms

Die einfachste Methode, Vorwärtsrotation zu erzeugen, ist, den Arm zunächst zu strecken (langer Arm), dann ruckartig wieder anzuwinkeln, wodurch der Unterarm und damit auch das Schlägerblatt eine Bewegung nach oben vorne machen.

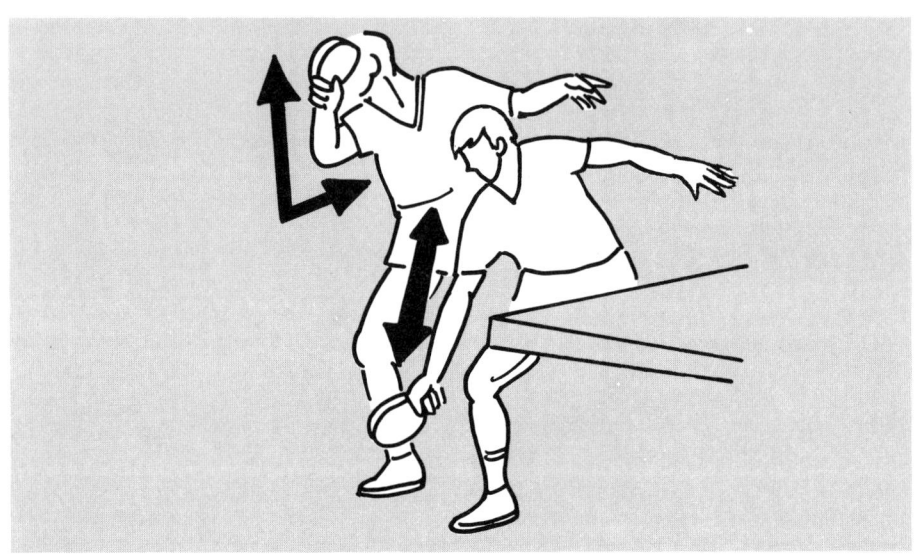

Ruckartiges Anwinkeln des Unterarms

6. Einsatz des Handgelenks

Auch durch schnelles Drehen des Handgelenkes läßt sich eine Topspinbewegung noch unterstützen. Bei vielen spielt die Handgelenksbewegung bei der Erzeugung der Vorwärtsrotation die vornehmliche Rolle.
Das Geheimnis des guten Topspinspielers liegt darin, diese 6 Elemente untereinander und in Verbindung mit denen der Translation optimal zu kombinieren.
Da im Tischtennissport die Zeit die größte Rolle spielt, mag als Grundregel gelten:
Je mehr Zeit, desto mehr Körpereinsatz; je weniger Zeit, desto mehr Unterarm- und Handgelenkeinsatz!

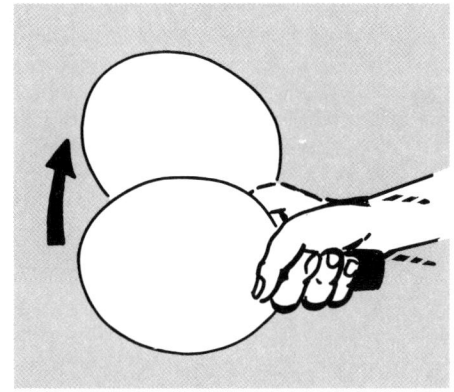

Drehung des Handgelenks

Hubtopspin

Hoher Topspin, langsamer Topspin, später Topspin, Scheibenwischertopspin, Topspin der fallenden Phase.
Alle diese Namen bezeichnen ein und dieselbe Art, Topspin zu schlagen, wobei jeweils ein anderer Gesichtspunkt für die Namengebung verantwortlich zeichnet. Das besondere Kennzeichen des Hubtopspins ist die Dominanz der Aufwärtsbewegung, für diesen Schlag ist also die Rotation wichtiger als das Tempo.
Wie vorher ausführlich beschrieben, läßt sich diese Aufwärtsbewegung durch 6 verschiedene Einzelelemente erzielen, die untereinander kombinierbar sind.
Ich habe den Namen Hubtopspin gewählt, weil diese Bezeichnung die den Schlag kennzeichnende Aufwärtsbewegung am deutlichsten beschreibt.
Je tiefer der ankommende Ball angenommen wird, desto höher muß der Topspin gezogen werden, damit der Faktor Hub, also Rotation, vor Tempo tritt. Hubtopspins werden vornehmlich in der fallenden Phase angenommen.

Hubtopspin ist eine Kombination von Einzelelementen mit Bewegungsrichtung nach oben.
Anhand von Schlagabläufen, die drei europäischen Spitzenspielern nachempfunden wurden, wird deutlich, aus welchen Elementen diese Spitzenspieler ihren Topspin kombinieren.

Seitliche Phasendarstellung Hubtopspin

Hubtopspin à la Jonyer

Der Ungar Istvan Jonyer setzt hier lediglich Element 4 ein, er spielt in diesem Falle den Topspin durch alleiniges Anheben von Oberarm und Schultergelenk.

Bewegungsablauf des Hubtopspins à la Jonyer

Hubtopspin à la Surbek

Der Jugoslawe Surbek kombiniert seinen Hubtopspin in der abgebildeten Schlagfolge aus unseren Einzelelementen 1, 2, 3 und 5.
Aus tiefer Hockstellung hebt er sein Becken und damit den gesamten Körper durch Streckung der Beine (Element 1) an. Gleichzeitig wird der Oberkörper angehoben (Element 2) und das Gewicht vom rechten auf den linken Fuß verlagert (Element 3). In erster Linie erzeugt er aber durch ruckartiges Anwinkeln des Unterarms die benötigte Rotation (Element 5).

Bewegungsablauf des Hubtopspins à la Surbek

Hubtopspin à la Orlowski oder Scheibenwischertopspin

Der Tscheche Orlowski kombiniert sogar alle sechs Elemente miteinander. Dabei tritt die Wichtigkeit des einzelnen Elementes nicht so sehr in den Vordergrund. Jedes Einzelelement ist nur angedeutet, die Wirkung entsteht durch ihre Summe. Diese Kombination wird auch Scheibenwischertopspin genannt, denn so würde man eine große Glasscheibe säubern.
Diese drei Varianten zeigen, daß es lohnt, seine eigene Art des Hubtopspins zu entwickeln. Erfolgreich spielen kann man auf die unterschiedlichste Weise, wie uns diese Spitzenspieler verdeutlichen.

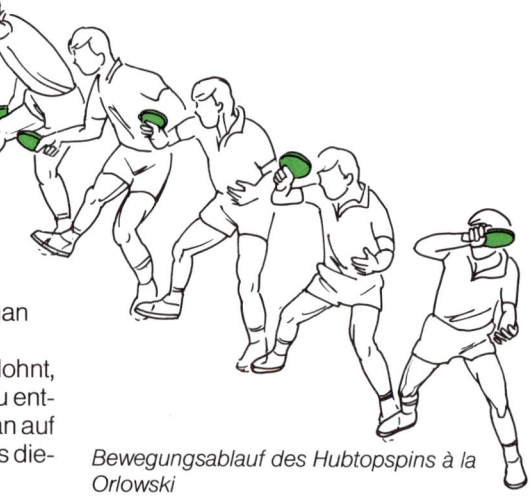

Bewegungsablauf des Hubtopspins à la Orlowski

Konter- oder Chinatopspin

Flacher Topspin, schneller Topspin, Spin der schwedischen Schule, Spin über dem Tisch, Spin der steigenden Phase.
Alle diese Namen sind gut gewählt und beschreiben prägnant, um welche Art von Topspin es sich handelt. Jede Bezeichnung charakterisiert einen bestimmten Aspekt dieses Topspins. Ich habe mich für Chinatopspin oder Kontertopspin entschieden, weil zum einen die Chinesen als Erfinder dieser Topspinart gelten, zum anderen der Begriff Kontertopspin am besten verdeutlicht, daß es sich hier um einen flachen Topspin handelt. Er wird früh, also in der aufsteigenden Phase, über oder kurz hinter dem Tisch geschlagen, quasi als Synthese von Konterball und Topspin. Es handelt

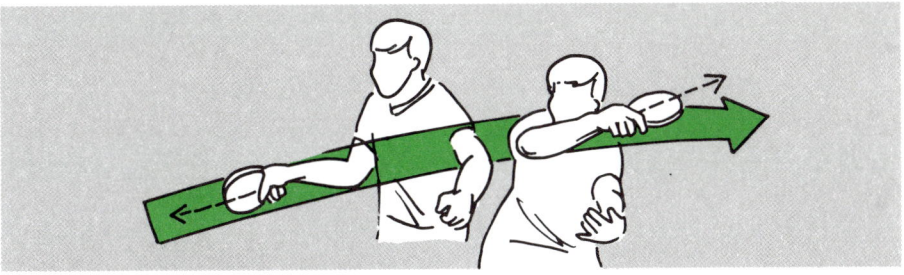

Bewegungsablauf des Kontertopspins

sich also um einen Konterball mit Topspincharakter. Tempo und frühes Annehmen sind wichtiger als Rotation. Vom Konterball, dessen Schlagbewegung fast geradlinig von hinten nach vorne geht, unterscheidet ihn die leichte Aufwärtsbewegung.
Da beim Kontertopspin neben den Rotationselementen auch die Vorwärtsbewegung und damit die Translationselemente eine wichtige Rolle spielen, können Elemente aus beiden Gruppen kombiniert werden. Der Kontertopspin sieht also von Fall zu Fall und von Spieler zu Spieler unterschiedlich aus, je nach Kombination der einzelnen Elemente.

Auf der folgenden Seite können Sie sehen, aus welchen Elementen Spitzenspieler ihren Kontertopspin kombinieren. Dabei sind die Versionen Bengtsson und Klampar wohl von jedem einigermaßen geübten Tischtennisspieler zu realisieren. Die anderen Ausführungen erfordern ein hohes Maß an Geschicklichkeit, Schnellkraft und technischem Können.

Rotationselemente
Anheben des Beckens aus tiefer Hockstellung
Hub- und Drehbewegung des Oberkörpers
Anheben der Hüfte durch seitliche Gewichtsverlagerung
Anheben von Oberarm und Schultergelenk
Anwinkeln des Unterarms
Handgelenkeinsatz

Translationselemente
Gewichtsverlagerung von hinten nach vorne
Vorbringen von Schulter u. Oberkörper
Vorschwingen von Arm und Hüfte
Rotation (= Drehimpuls)

Kontertopspin à la Bengtsson (Linkshänder)

Der Schwede Bengtsson setzt folgende Elemente ein: Aus einer parallelen Stellung zur Grundlinie dreht er in der Ausholbewegung seinen Oberkörper etwas zurück. Während der Schlagbewegung, die hauptsächlich ein Nachvornebringen des Oberarmes ist (Winkel Ober- zu Unterarm wird nur minimal verändert), rotiert der Oberkörper leicht in Richtung rechter Fuß, auf den auch das Körpergewicht verlagert wird.

Kontertopspin à la Klampar (kurzer Arm)

Der Ungar Klampar kombiniert eine Gewichtsverlagerung von hinten nach vorne (vom hinteren rechten auf den vorderen linken Fuß) und ein leichtes Anheben des Oberarmes mit seinem wichtigsten Element, dem ruckartigen Anwinkeln des Unterarmes, um die gewünschte Rotation zu erzielen.

Kontertopspin mit langem Arm

Intensiviert man die Ausholbewegung und betont neben der Gewichtsverlagerung die Oberkörperrotation etwas mehr, so läßt sich bei guter Kondition der Topspin à la Klampar auch mit langem Arm ausführen. Das dürfte aber nur Spitzenspielern gut gelingen.

Schwung- oder Powertopspin

Während der Chinatopspin immer in der aufsteigenden und der Hubtopspin in der fallenden Phase getroffen wird, kann der Schwung- oder Powertopspin sowohl in der aufsteigenden als auch in der fallenden Phase, ja sogar auf dem Scheitelpunkt der Flugkurve des ankommenden Balles getroffen werden.

Wird der Ball in der aufsteigenden Phase getroffen, so hat der Powertopspin in der Bewegungsausführung große Ähnlichkeit mit dem Chinatopspin.

Wird er mehr in der fallenden Phase getroffen, ähnelt er dem Hubtopspin. Die Übergänge zwischen diesen Topspins sind fließend.

Beim Treffpunkt des Balles auf dem Scheitelpunkt der Flugkurve kommt der eigenständige Charakter des Schwung- oder Powertopspins erst deutlich zum Vorschein. Kennzeichnend ist zum einen die kraftvolle Ausführung (Power), zum anderen die geschickte Ausnutzung der Hebelgesetze (Schwung).

Die Vorwärtsbewegung, die beim China-

Phasendarstellung Schwung- oder Powertopspin

topspin dominiert, und die Hubbewegung nach oben, die den Hubtopspin auszeichnet, sind für den Powertopspin gleichermaßen wichtig.

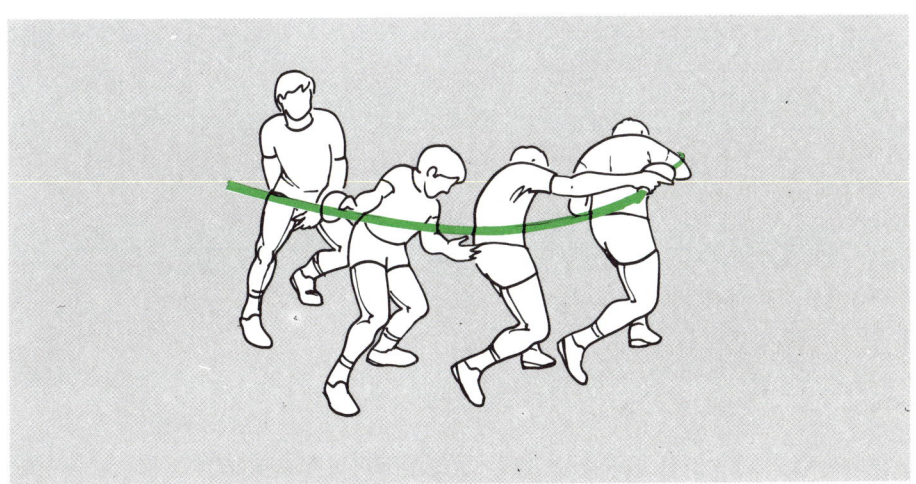

Bewegungsablauf Schwung- oder Powertopspin

Balltreffpunkte und Ausführungsvarianten des Powertopspins

Um einen Überblick darüber zu gewinnen, wie sich die Ausführung des Powertopspins verändert, wenn sich der Balltreffpunkt verschiebt, lernen Sie einige Beispiele kennen. Auf der Flugkurve eines ankommenden Balles wurden fünf verschiedene Treffpunkte markiert. Auf den folgenden Seiten wird gezeigt, wie der jeweilige Bewegungsablauf aussieht, wenn man den Ball an einem dieser Punkte trifft.

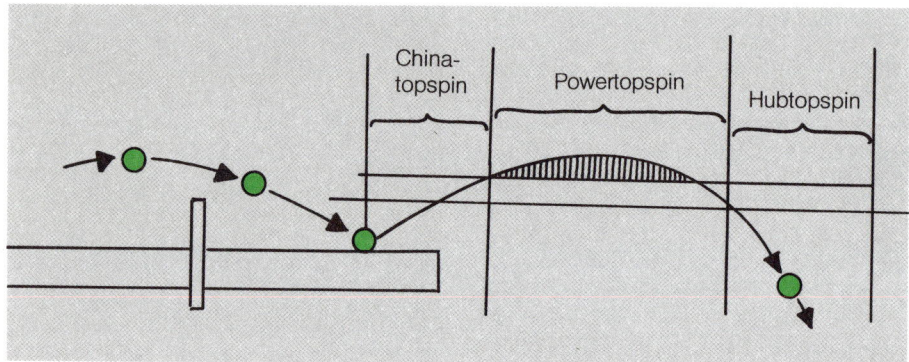

Annahmepunkte bei einzelnen Topspinarten

Die Ausführungsweise des Topspins hängt immer von mehreren Faktoren ab, maßgeblich ist dabei aber der Balltreffpunkt. Die Veränderungen im Bewegungsablauf sind normalerweise fließend. Bei unseren fünf Punkten bestehen so große Abstände, daß deutliche Veränderungen wahrzunehmen sind.

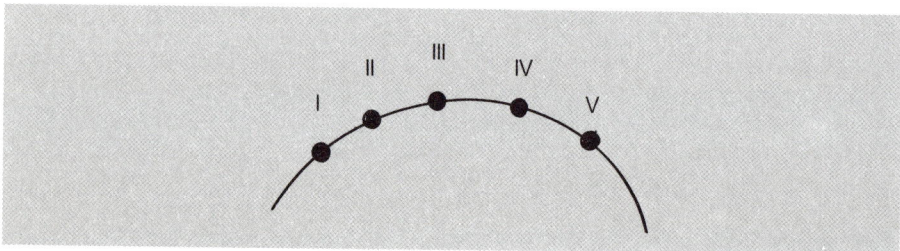

Annahmepunkte beim Powertopspin

Balltreffpunkt III, auf dem Scheitel der Flugkurve

Am Anfang soll die Variante III mit Balltreffpunkt auf dem Scheitelpunkt stehen, weil sie am prägnantesten den Charakter des Powertopspins wiedergibt. Sie gilt als der Prototyp, die anderen Varianten tendieren entweder zum China- oder zum Hubtopspin. Bei Beispiel III sind Aufwärts- und Vorwärtsbewegung fast gleich wichtig.
Zunächst wird das Schlägerblatt zum Ausholen entweder seitlich neben den Körper bis in Kniehöhe (Abb. oben) oder sogar hinter den Körper geführt (Abb. unten).
Dann erfolgt ein Anheben des Schlägerblattes, mit der fast gleichzeitigen Gewichtsverlagerung nach vorne. Auf der oberen Darstellung wird die Aufwärtsbewegung durch den Hub des Oberkörpers, auf der unteren durch eine seitliche Gewichtsverlagerung des Oberkörpers erreicht.
Die deutliche Vorwärtsbewegung erzielt man durch die Gewichtsverlagerung vom hinteren rechten auf den vorderen linken Fuß, die Rotation des Oberkörpers und das Nachvornepeitschen des gestreckten Schlagarmes.

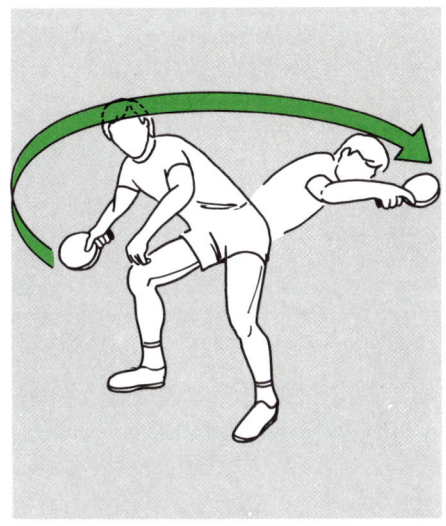

Anfangs- und Endphase des Powertopspins aus frontaler Sicht

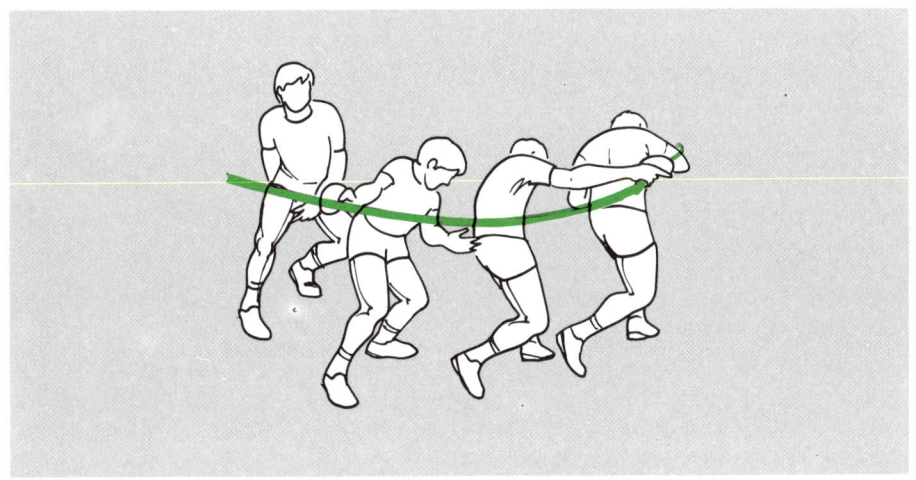

Phasendarstellung des Powertopspins aus seitlicher Sicht

Balltreffpunkt IV, zu Beginn der fallenden Phase

Von der vorigen Variante unterscheidet sich dieser Powertopspin dadurch, daß durch den späteren Balltreffpunkt die Aufwärtsbewegung forciert und die Vorwärtsbewegung leicht zurückgenommen werden muß. Das kann durch ein stärkeres Anheben des Oberarmes oder durch einen halbkreisförmigen Oberarmschwung mit Handgelenk- und Unterarmunterstützung geschehen.

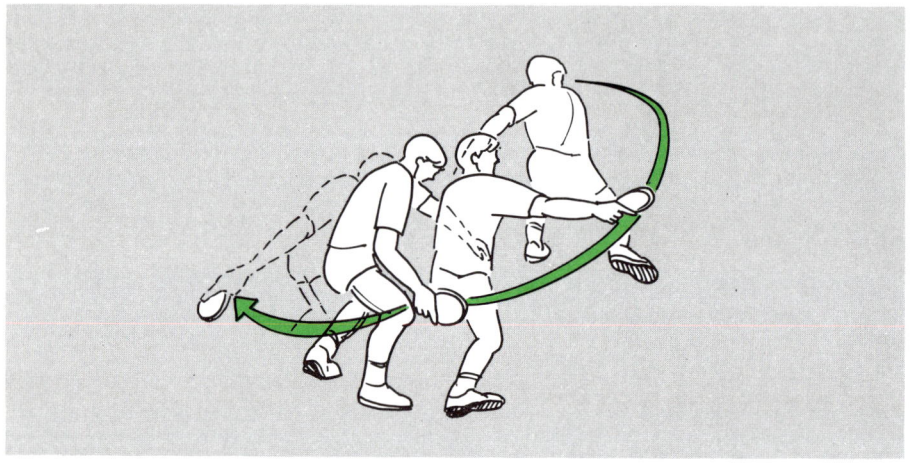

Bewegungsablauf Powertopspin bei Balltreffpunkt IV

Balltreffpunkt V, Mitte der fallenden Phase

Bei dieser Variante ist die Aufwärtsbewegung sehr dominant. Es handelt sich fast schon um einen Hubtopspin, denn sowohl das Durchdrücken der Knie als auch das Aufrichten des Oberkörpers sind reine Hubelemente. Da auch keine Gewichtsverlagerung nach vorne stattfindet, ist das Vorwärtselement dieser Bewegung die mit gestrecktem Arm beginnende und mit angewinkeltem Arm endende Zugbewegung nach vorne.

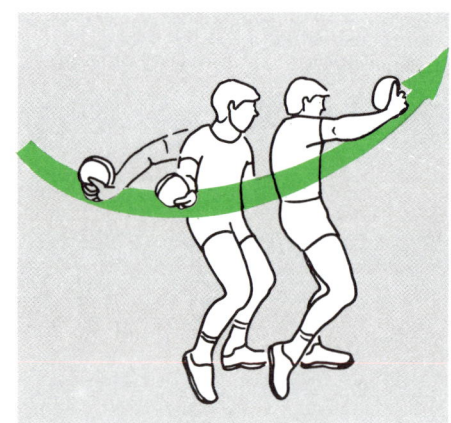

Bewegungsablauf Powertopspin bei Balltreffpunkt V, seitliche Sicht

Bewegungsablauf Powertopspin bei Balltreffpunkt V, frontale Sicht

Balltreffpunkt I, Mitte der aufsteigenden Phase

Bei diesem Balltreffpunkt bleibt kaum mehr Zeit als beim Kontertopspin à la Klampar. Deshalb ist die Ausführung fast identisch, lediglich die Gewichtsverlagerung kann durch etwas mehr Zeit ein wenig deutlicher ausfallen. Unten ist die Ausführungsweise mit langem Arm abgebildet, die wohl schwierigste Ausführungsweise des Powertopspins. Weniger durchtrainierte Spieler reduzieren die Ausholbewegung und arbeiten meist mit angewinkeltem anstatt mit langem Arm.

Bewegungsablauf Powertopspin bei Balltreffpunkt I

Balltreffpunkt II, gegen Ende der aufsteigenden Phase, oder Powertopspin à la Stipancic

Der Jugoslawe Stipancic gilt als der beste Techniker der europäischen Topspinspieler. Seine Art des Powertopspins vereinigt nahezu alle Einzelelemente in einem einzigen Schlag. Da alle Elemente harmonisch ineinander übergehen, kommt hier die Kompliziertheit, aber auch Schönheit und Eleganz von Topspinbewegungen gut zum Ausdruck.

Aus einer leicht seitlichen Ausgangsstellung werden Oberkörper und Ellenbogen weit zurückgeschwungen. Während nun der Oberkörper, unterstützt durch ein Zurücknehmen der linken Hand, nach vorne rotiert, wird der im Ellbogengelenk zurückgenommene und stark angewinkelte Schlagarm gestreckt. Schlägerblatt und Arm bleiben also solange wie möglich in der Nähe der senkrechten, rotierenden Oberkörperachse, um möglichst schnell und ökonomisch rotieren zu können. Erst in der letzten Phase ist der Arm fast gestreckt. Oberkörper, Schlagarm und Beine befinden sich parallel zur Grundlinie. Bis hierher besteht die Bewegung vornehmlich aus Rotationselementen. Nun wird diese Rotationsbewegung abgelöst von einem Anheben und Nachvornebringen des Oberarms und einer extremen Gewichtsverlagerung vom hinteren rechten auf den vorderen linken Fuß.

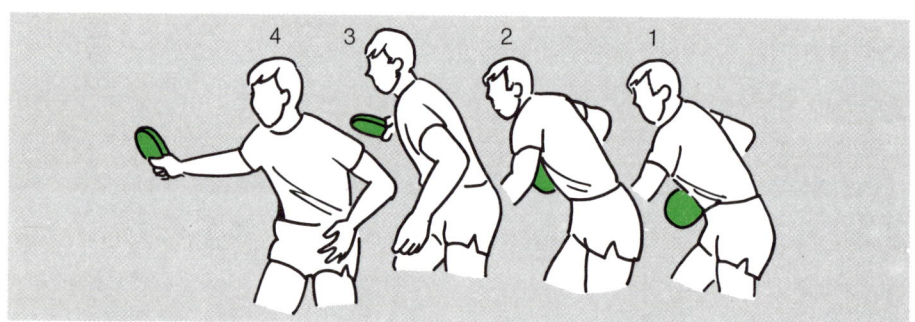

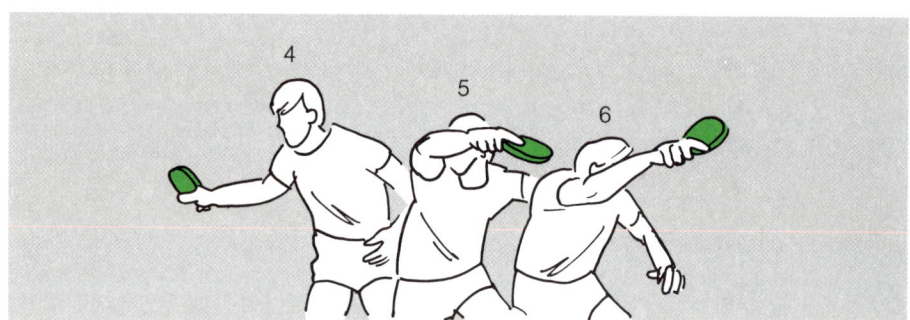

Bewegungsablauf Powertopspin bei Balltreffpunkt II

Rückhandtopspin

Das Ziel des Rückhandtopspins ist es, den Ball durch eine Bewegung von unten nach oben vorne in Vorwärtsrotation zu versetzen. Die Bewegung ähnelt der, die entsteht, wenn ein Rad mit dem Schläger in Bewegung gesetzt wird. Die starke Vorwärtsrotation bewirkt, daß ein Topspinball nach dem Aufsprung eine flachere Flugkurve annimmt. *Rückhandtopspin ist Vorwärtsrotation durch Hubbewegung.* Je steiler der Schläger nach oben geführt wird, desto mehr Vorwärtsrotation (Spin) und desto weniger Tempo hat der geschlagene Ball. Ist die Bewegung mehr nach vorne orientiert, erhält der Ball mehr Tempo und weniger Spin, dann ist auch seine Flugkurve flacher (Abb. unten).

Bewegung beim Rückhandtopspin

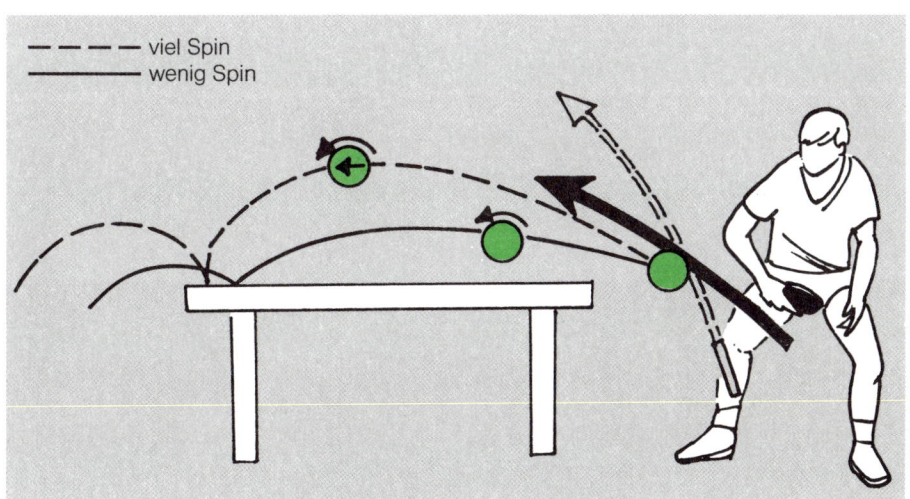

Flugkurven mit geschlagenen Bällen beim Rückhandtopspin

Verschiedene Ausführungen des Rückhandtopspins

Auch beim Rückhandtopspin hängt die genaue Ausführungsweise von verschiedenen Faktoren ab.

Wird der ankommende Ball kurz nach dem Aufsprung genommen oder aber erst in seiner fallenden Phase? Soll der Ball mehr Spin oder mehr Tempo erhalten?

Dies sind die beiden wichtigsten Fragen, dazu spielt die Plazierung eine nicht unwesentliche Rolle.

Berücksichtigte man alle auf die Ausführungsweise Einfluß nehmenden Faktoren, dann müßte man eine große Anzahl leicht von einander differierender Rückhandtopspins unterscheiden.

Hier sollen nur zwei grundsätzlich verschiedene Möglichkeiten des Rückhandtopspins vorgestellt werden, der Kontertopspin und der von mir so benannte Schwungtopspin.

Der Kontertopspin ist dadurch gekennzeichnet, daß er mit offenem und der Schwungtopspin mit geschlossenem Schlägerblatt begonnen wird. Vergleicht man die abgebildeten Bewegungskurven, so wird der Kontertopspin erst nach oben und dann nach vorne bewegt, der Schwungtopspin hingegen beginnt mit einer Bewegung nach vorne, um dann nach oben auszuschwingen.

Zwischen diesen beiden extremen Ausführungen liegen alle anderen Formen. Die Übergänge sind fließend. Beide Topspinarten werden auf den folgenden Seiten näher beschrieben.

 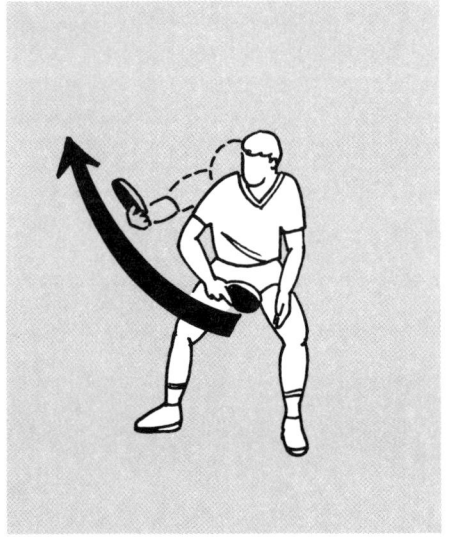

Rückhandkontertopspin   *Rückhandschwungtopspin*

Rückhandschwungtopspin

Um die Ausführungsweise des Schwungtopspins besonders anschaulich zu machen, bilden wir zwei Phasendarstellungen des Schwungtopspins ab, auf dieser Seite unten aus seitlichem und auf der nächsten Seite aus frontalem Blickwinkel. Obwohl es sich unten um einen Schwungtopspin handelt, bei dem der Ball hinter dem Tisch in seiner fallenden Phase, also sehr spät angenommen wird, und der Ball bei den Abbildungsreihen auf der nächsten Seite in seiner aufsteigenden Phase nahe am Tisch angenommen wird, ist der Schlagablauf in seinen Grundstrukturen bei beiden nahezu identisch.

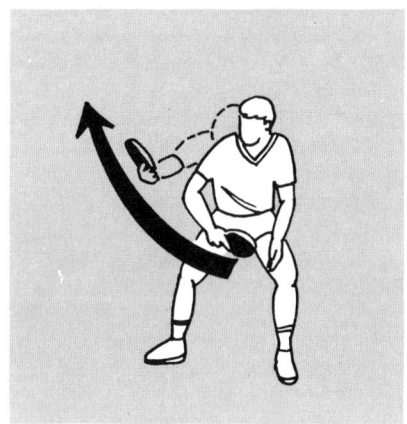

Schwungtopspin am Tisch

In der Ausholphase (Phase 1) wird das Schlägerblatt zunächst einmal in Knie- bis Hüfthöhe zurückgeführt. Das Schlägerblatt ist beinahe verdeckt. Je höher der Schlagansatz, desto geschlossener das Schlägerblatt.

Danach wird das Schlägerblatt fast ausschließlich durch Bewegung des Oberarms halbkreisförmig nach vorne oben geschwungen (Phase 2–5). In dieser Phase wird auch der Ball tangiert. Die Ausschwungphase (Phase 6) endet etwa in Kopfhöhe mit nahezu senkrechtem, nach oben zeigendem Schlägerblatt. Während des gesamten Schlagablaufes findet zudem noch eine Körperstreckung statt. In der Ausholphase sind Oberkörper und Beine gebeugt, in der Endphase steht der Spieler aufrecht.

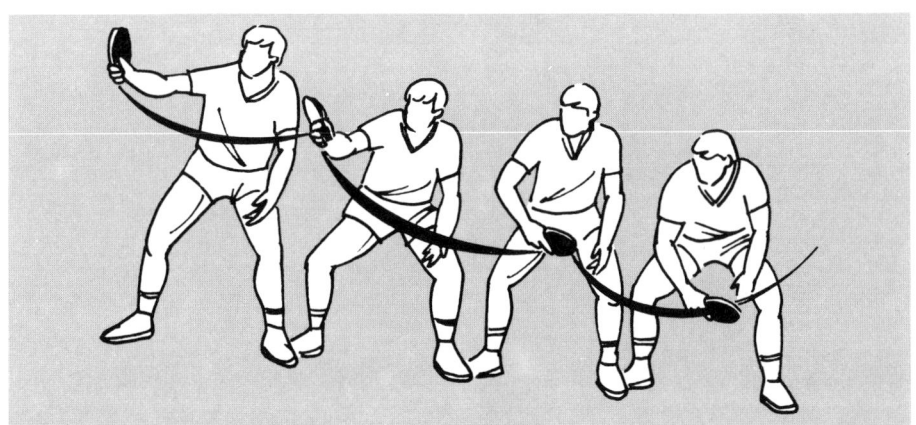

Schwungtopspin. Das geschlossene Schlägerblatt wird beim Nachobenschwingen geöffnet.

Phasenfotos Rückhandschwungtopspin

Phase 1

Phase 2

Phase 3

Phase 4

Phase 5

Phase 6

Rückhandkonter- oder Drucktopspin

Auch hier sind zur besseren Veranschaulichung wieder Schlagabläufe aus verschiedenen Perspektiven abgebildet. Auch die Balltreffpunkte sind wieder verschieden gewählt. Bei der Abbildung auf dieser Seite wird der Ball weit hinter dem Tisch zu einem späten Zeitpunkt, schon in der fallenden Phase, getroffen. Bei den Fotos auf der nächsten Seite jedoch in Tischnähe bzw. über dem Tisch. Dennoch ist die Grundstruktur, auf deren Vermittlung es ankommt, bei beiden Schlagarten gleich. Beim späten Treffpunkt kommt lediglich noch eine Körperstreckung und ein Anheben des Oberarmes hinzu. Die entscheidenden Elemente der Bewegungsführung sind Unterarm- und Handgelenkbewegung.

In der Ausholphase (Phase 1) wird das Schlägerblatt auf Knie- bis Hüfthöhe zurückgeführt. Während es beim Schwungtopspin geschlossen war, ist es beim Kontertopspin geöffnet, also senkrecht stehend. Ober- und Unterarm bilden einen Winkel von 95 bis 140 Grad. Nun wird das Schlägerblatt durch eine halb-

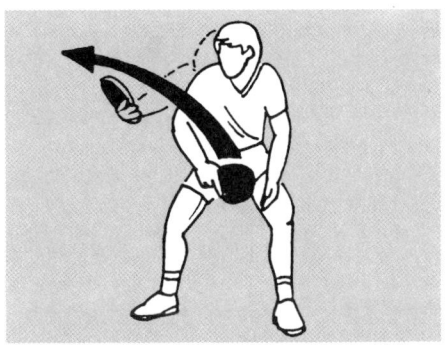

Kontertopspin

kreisförmige Drehung des Unterarmes im Ellenbogengelenk nach oben vorne geführt. In der Anfangsphase (Phase 2–4) ist die Bewegungskomponente nach oben besonders akzentuiert. In der Endphase (Phase 5–6) ist es die Bewegung nach vorne. Das anfänglich geöffnete Schlägerblatt ist in der Endphase fast geschlossen. Dies wird neben der Unterarmbewegung durch ein Nachvorneklappen des Handgelenks erreicht (siehe Rückhandkonterball).

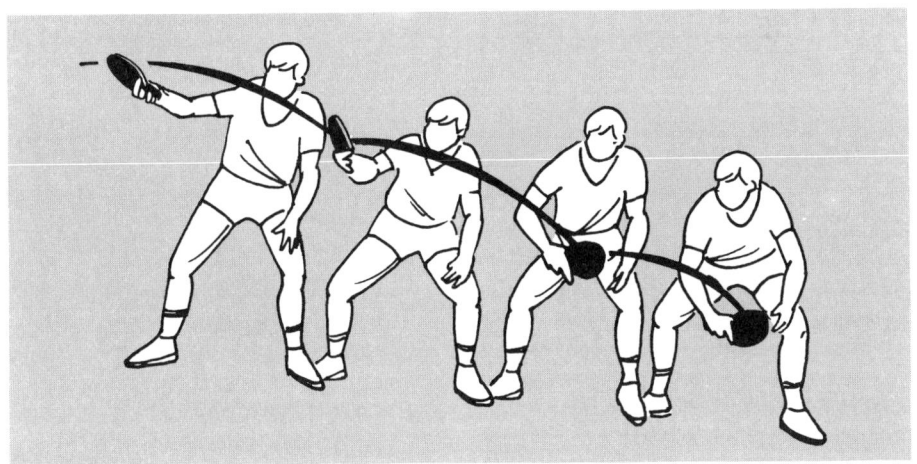

Kontertopspin in Distanz zum Tisch

Phasenfotos Rückhandkontertopspin

Phase 1

Phase 2

Phase 3

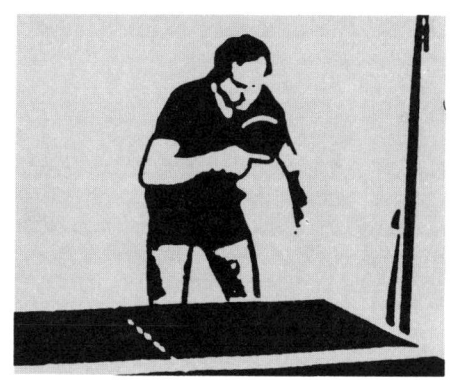
Phase 4

Phase 5

Phase 6

Vorhandsidespin

Ich bin der Ansicht, daß die Möglichkeiten, die der Sidespin bietet, bei weitem nicht ausgereizt werden. Bereits vor mehr als zwei Jahrzehnten haben die Erfolge des Sidespinspezialisten Erich Arndt gezeigt, wie gefährlich und erfolgreich eine Spielweise sein kann, die auf Sidespin und Topspin aufbaut. An diese Tradition müßte wieder angeknüpft werden. Junge Spieler sollten Side- und Topspins variabel einsetzen können.

Sidespin ist eine seitliche Halbkreisbewegung. Während der Topspin durch eine von unten nach oben gerichtete Bewegung seine Vorwärtsrotation bekommt, wird beim Sidespin der Schlagarm locker um den Rumpf herumgeschwungen und versucht mit dieser Halbkreisbewegung den Ball seitlich zu berühren. Damit soll ihm eine seitliche Rotation vermittelt werden, als ob man ein Rad in Bewegung setzen wollte (siehe Abb. rechts).

Bewegung beim Sidespin

Besonders schön läßt sich die nach links tendierende Halbkreisbewegung beim Vorhandsidespin aus der Vogelperspektive erkennen (siehe Abb. rechts).
Entscheidend für die Ausführung des Sidespin ist, aus welcher Position heraus er geschlagen werden soll. Hier sollen aus der großen Anzahl einige Standardsituationen ausgewählt und näher beleuchtet werden.

Vorhandsidespin, von oben gesehen

Vorhandsidespin aus frontaler Position am Tisch

Aus frontaler Position am Tisch wird der Vorhandsidespin ähnlich gespielt wie der Chinatopspin.
Der Ball wird in der aufsteigenden Phase über oder kurz hinter dem Tisch getroffen. Im Gegensatz zum Chinatopspin wird der Ball mit schräg gestelltem Schlägerblatt seitlich getroffen. Die Schlagausführung wird von der Bewegung des Ober- und Unterarms gesteuert. Auch der Oberkörper dreht etwas mit. Wegen der knappen Zeit bei früher Ballannahme findet eine Gewichtsverlagerung nur ansatzweise statt.

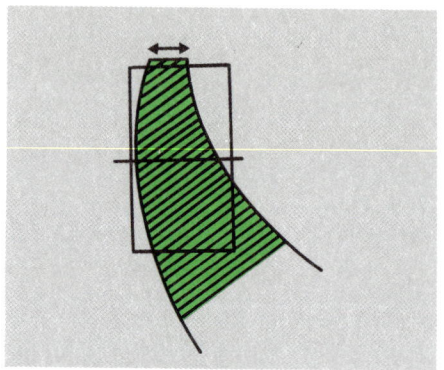

Schlagposition des Spielers

Bewegungsablauf

Vorhandsidespin auf Höhe der Tischseitenlinie

Wird der Ball etwas extremer in die Vorhand plaziert, so geht es für den Sidespinspieler zunächst darum, mit einem kleinen Schritt nach rechts zum Ball zu kommen und die Bewegungsenergie dieses Schrittes geschickt auf den Ball zu lenken. Der Arm, der zum Ausholen hinter den Körper geführt wurde, wird gleichzeitig mit dem Schritt nach vorne geschwungen. Die Energie dieser Einzelbewegungen soll möglichst verlustfrei auf den Ball übertragen werden. Oft wird in dieser Umlenkphase das linke Bein angehoben, um den rechten Fuß als Rotationspunkt zu benutzen.

 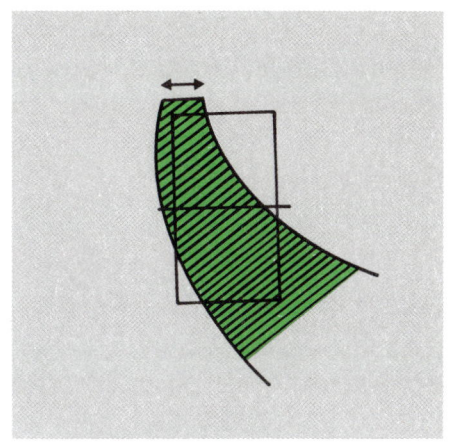

Bewegungsablauf *Schlagposition des Spielers*

Vorhandsidespin aus seitlicher Position zum Tisch

Ist der ankommende Ball sehr extrem in die Vorhand plaziert, so macht man mit dem rechten Fuß einen größeren seitlichen Schritt. Die Schlagführung wird dann mit langem, durchgestrecktem Arm ausgeführt.

 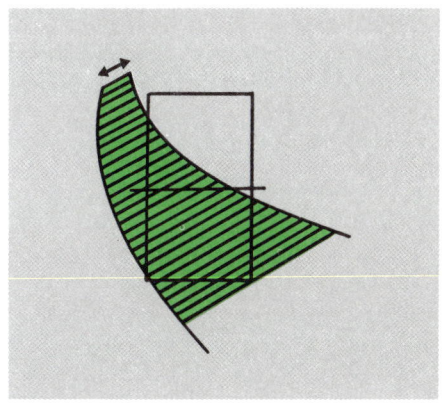

Bewegungsablauf *Schlagposition des Spielers*

Vorhandsidespin auf Bälle in die weite Vorhand

Wenn der ankommende Ball noch extremer in die Vorhand gespielt wird als beim vorigen Beispiel, so reicht ein Schritt zum Erreichen des Balles nicht mehr aus. Der Spieler greift dann zu einer sonst stets verpönten Schrittfolge.

Auf einen ersten kleinen Schritt mit dem rechten Fuß folgt ein zweiter mit dem linken, der ein Überkreuzen der Beine mit sich bringt. Während dieser zwei Schritte wird der Arm noch nach vorne geführt und der Ball entweder durch einen kurzen seitlichen Handgelenksknick oder den Unterarmschwung seitlich berührt. Ein Umlenken der gesamten Bewegungsenergie auf den Ball ist wegen der extremen Plazierung nur selten möglich.

Armbewegung Phase III, Phase II, Phase I

Schrittfolgen

Rückhandsidespin

Auch beim Rückhandsidespin soll der Ball nicht voll getroffen, sondern lediglich seitlich berührt werden. Er soll eine seitliche Rotation mit einer nach rechts gebogenen Flugkurve bekommen. *Rückhandsidespin bedeutet seitliches Treffen des Balles.* Dazu ist es notwendig, daß das Schlägerblatt den Ball in seitlicher oder seitlich schräger Stellung trifft. Das Schlägerblatt wird also, das ist besonders gut aus der Vogelperspektive zu sehen, seitlich um den Ball herumgeführt. Dabei kann der Ball an unterschiedlichen Punkten und in verschiedenen Phasen seiner Flugkurve getroffen werden. Hier sollen wieder die beiden extremsten Formen, zwischen denen alle sonstigen Möglichkeiten liegen, gezeigt werden. Also der Sidespin am oder über dem Tisch und der Sidespin bei tiefer Annahme hinter dem Tisch.

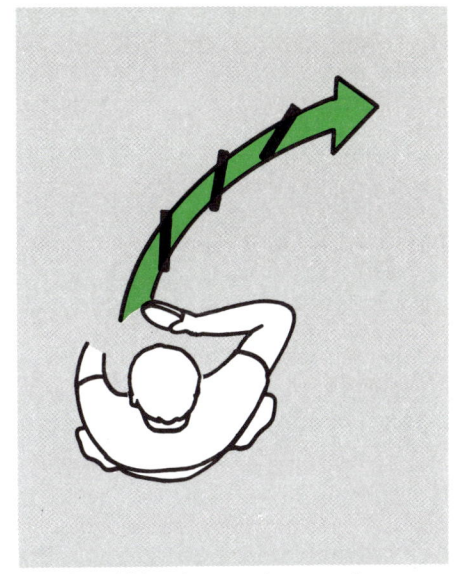

Rückhandsidespin, von oben gesehen

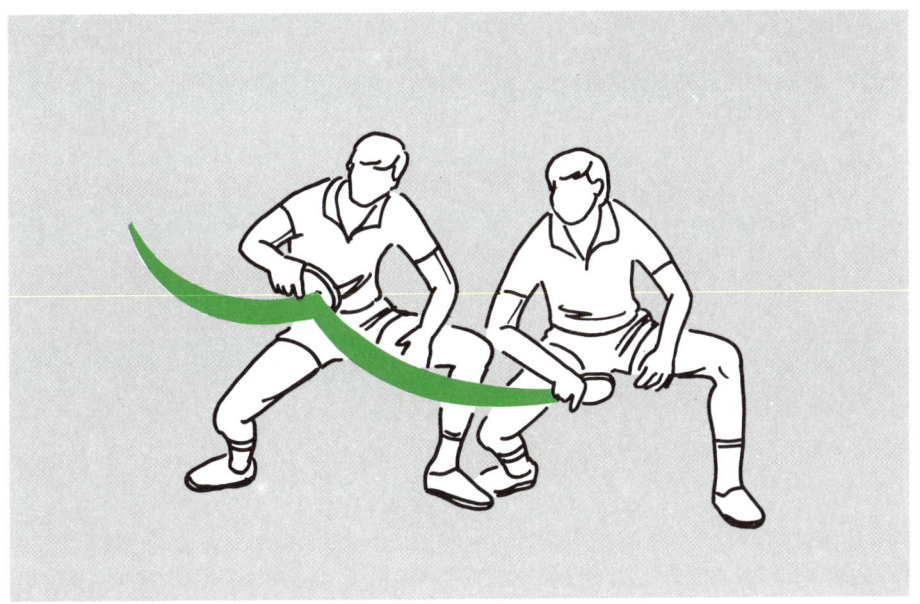

Rückhandsidespin, von vorne gesehen

Rückhandsidespin am oder über dem Tisch

Der Rückhandsidespin am oder über dem Tisch wird hauptsächlich mit dem Arm gespielt. Körperbewegung und Gewichtsverlagerung spielen nur eine nebengeordnete Rolle. Das kennzeichnende Bewegungselement ist ein seitliches Anheben und leichtes Nachvornebringen des Schlagarmellbogens in der Ausholphase (Phase 1). Dadurch wird Platz geschaffen für den Unterarm, der nun in Bauch- bzw. Hüfthöhe zum Körper zurückschwingen kann. Auch das Handgelenk wird nach hinten zum Körper hin abgeknickt.

Somit zeigt die Spitze des Schlägers auf den Bauch bzw. linken Oberschenkel (Phase 2). Nun beginnt die eigentliche Schlagbewegung (Phase 3–5), an der nur noch der Unterarm und das Handgelenk beteiligt sind. Der Ellbogen bleibt fast am gleichen Ort fixiert, und der Unterarm schwingt halbkreisförmig um den Ball. Unterstützung erhält der Unterarm noch vom Handgelenk, das ebenfalls energisch nach vorne gebracht wird (klappen). Soll der Sidespin auch noch ein höheres Tempo erhalten, so kann kurz vor dem Balltreffpunkt der Ellbogen ruckartig wieder zum Körper zurückgebracht und damit als Gegenbewegung der Unterarm nach vorne geschleudert werden. Die Rückhandsidespinbewegung ist nicht ganz leicht, aber wer sie beherrscht, wird sicherlich schöne Erfolge damit erzielen können.

Unterarmbewegung beim Rückhandsidespin in Tischhöhe

Phasenfotos Rückhandsidespin

Phase 1

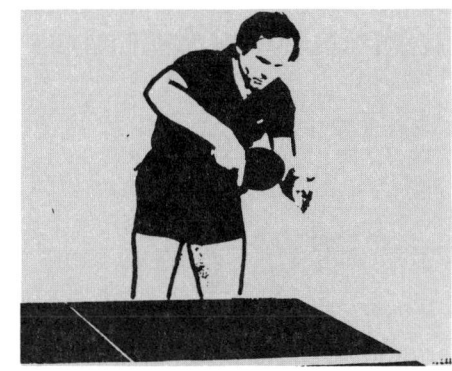

Phase 2

Phase 3

Phase 4

Phase 5

Rückhandsidespin bei tiefer Ballannahme hinter dem Tisch

Der Rückhandsidespin aus tiefer Position hat große Ähnlichkeit mit dem Rückhandtopspin. Unterschiedlich ist in erster Linie, daß der Ellbogen in der Ausholphase etwas seitlich nach oben rechts genommen wird und der Ball eben nicht nach oben, sondern seitlich oder seitlich nach oben getroffen wird. Die Gesamtbewegung ist weiter ausladend als beim Topspin und auch als beim Sidespin über dem Tisch.

Zusammengesetzt ist die Sidespinbewegung aus Rotationselementen (Hub) und aus Translationselementen (Bewegung nach vorne).

Je nach Kombination unterscheiden sich einzelne Sidespinausführungen. Während bei der Darstellung unten Heben des Unterarms, seitliches Heranführen des Unterarmes an den Ball und eine Klappbewegung des Handgelenks sowie eine Körperstreckung kombiniert wurden, kommt manchmal noch das Bewegungselement Strecken der Beine hinzu.

Ist genügend Zeit vorhanden, wird oft eine Gewichtsverlagerung vom hinteren linken auf den vorderen rechten Fuß als Kombinationselement hinzugenommen. Bei größerem Zeitdruck kann dies auch nur ein leichtes Mitschwingen der linken Hüfte sein.

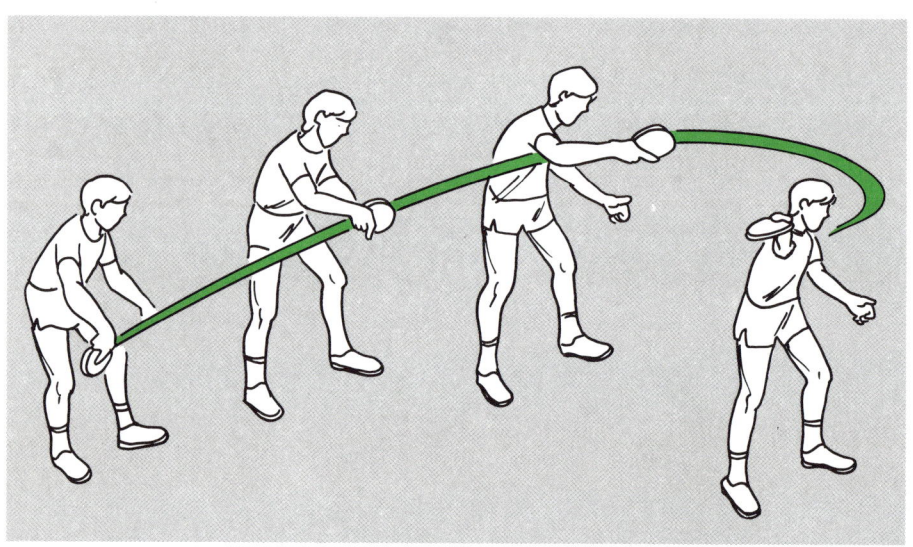

Bewegungsablauf Rückhandsidespin bei tiefer Ballannahme aus seitlicher Sicht

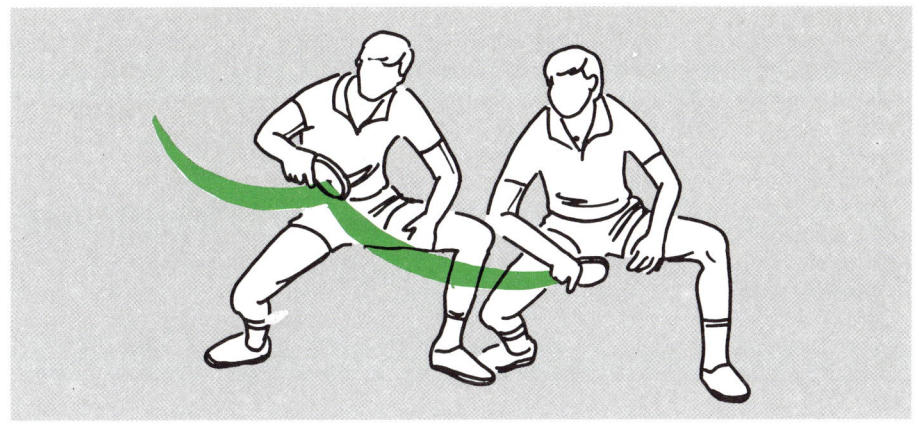

Tiefe Ballannahme bei Rückhandsidespin aus frontaler Sicht

Ballonschlag

Leider läßt es sich nicht vermeiden, daß man auch als Angriffs- oder Halbdistanzspieler in eine ziemlich ausweglose Situation, weit hinter dem Tisch, gedrängt wird und sich den harten Angriffsattacken des Gegners erwehren muß. Hier hilft dann oft nur die sogenannte Ballonabwehr.

Obwohl der Ballonschlag von seiner Bewegungsstruktur her (von unten nach oben vorne) dem Topspinschlag, also einem Angriffsschlag, sehr ähnelt, bezeichnet man ihn dennoch als Abwehrschlag.

Durch seine extrem hohe Flugkurve ist der Ball lange unterwegs, dadurch gewinnt man Zeit, sich wieder in eine bessere Position zu begeben.

Hubbewegung beim Ballonschlag

Ballonschlag bedeutet Heber oder extrem hoher Topspin. Früher bezeichnete man einen Ball mit hoher Flugkurve nur dann als Ballonball, wenn der Ball von unten getroffen und extrem nach oben gehoben wurde. Heute ist der Übergang von Ballon zu Topspin fließend, denn hohe Bälle mit starker Vorwärtsrotation sind für den Gegner noch unangenehmer als nur gehobene Bälle, weil sie durch ihren zusätzlichen Drall noch weiter vom Tisch wegspringen.

Bewegungsablauf des Ballonschlags

Vorhandballonball

Beim Ballonball, gleichgültig ob Vorhand oder Rückhand, mit oder ohne Spin, geht es darum, dem Ball mittels einer Hubbewegung nach oben eine hohe Flugkurve zu verleihen.

Die 5 wichtigsten Bewegungselemente, mit denen dies zu erzielen ist, werden anhand des Vorhandballonballes dargestellt. Für den Rückhandballonball sind die Ausführungen, ein wenig modifiziert, ebenso anwendbar.

1. Anheben des Beckens aus tiefer Hockstellung

Zunächst wird eine tiefe Hockstellung eingenommen. Durch das Durchdrücken der Knie wird das Becken und somit der ganze Körper nach oben angehoben.

Element 1

2. Hubbewegung des Oberkörpers
Der gesamte Oberkörper wird seitlich nach unten gebeugt und damit beinahe das gesamte Körpergewicht auf das rechte Bein verlagert. Aus dieser Ballerwartungshaltung wird nun der Oberkörper wieder aufgerichtet, was eine Hubbewegung erzeugt.

3. Anheben von Oberarm, Unterarm und Handgelenk
Alleine durch das Anheben von Oberarm und Schulter, noch besser aber durch synchrones Anheben von Oberarm, Unterarm und Handgelenk kann die gewünschte hohe Ballflugkurve erzielt werden.

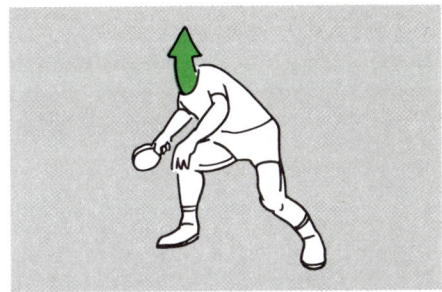

Element 2

4. Seitliche Gewichtsverlagerung
Bei paralleler Stellung zur Grundlinie des Tisches (die Füße sind etwas mehr als schulterbreit auseinander) werden in der Ausholphase etwa 2/3 des Körpergewichtes auf den rechten Fuß gebracht. Durch Verlagerung des Gewichtes auf den linken Fuß entsteht eine seitliche Hubbewegung.

5. Senkrechtes Nachobenspringen
Auch das Treffen des Balles während eines Sprunges nach oben erzeugt die für den Ballonball erforderliche Hubbewegung.

Element 3 und 4

Ballonbälle können also unter Anwendung nur eines Elements, meist aber durch die Kombination mehrerer Elemente ausgeführt werden. Probieren und finden Sie dabei Ihre optimale Kombination.

Element 5

Rückhandballonball

Alle 5 auf der vorigen Seite aufgeführten Einzelelemente für die Hubbewegungen der Vorhand sind ebenso für den Rückhandballonball anzuwenden und zu kombinieren. Wird der Spieler innerhalb der Verlängerung der Seitenlinie des Tisches angespielt, so nimmt er für gewöhnlich den Ball vor dem Körper an. Die Ballonbewegung entsteht dann durch synchrones und kombiniertes Anheben von Ober-, Unterarm und Handgelenk.
Wird der Ball extremer in die äußerste Rückhandseite plaziert, nimmt man den Ball seitlich vom Körper an. Meist werden dann Element 1 bis 3 kombiniert. Dies sind Durchdrücken der Knie (Phase 1), Anheben des Oberkörpers (Phase 2) und Anheben beider Arme (Phase 3).

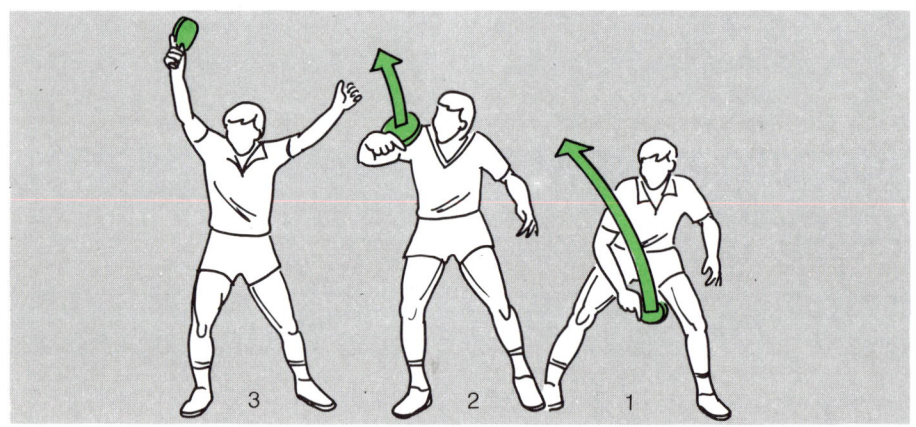

Bewegungsablauf bei Ballannahme vor dem Körper

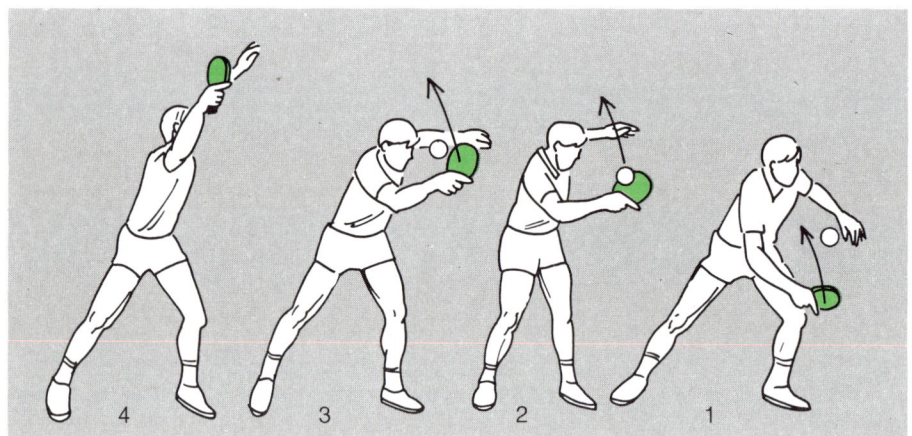

Bewegungsablauf des Ballonschlags bei Annahme seitlich des Körpers

Flip

Der Flip kann sowohl mit der Vorhand als auch mit der Rückhand ausgeführt werden. Da aber der Rückhandflip fast identisch ist mit dem Rückhandtopspin, wird hier lediglich der Vorhandflip ausführlich dargestellt.
Der Flip ist quasi ein Topspin im Kleinformat. *Flip, ein Minitopspin.* Auf kurze Bälle des Gegners, die in Netznähe aufspringen, reagieren Angriffsspieler häufig damit, daß sie mit einem Flip den Angriff eröffnen.
Das Schlägerblatt wird in Netznähe gebracht, und durch ein ruckartiges Klappen des Handgelenks, unterstützt durch ein wenig Unterarmarbeit, wird der Ball über das Netz befördert.

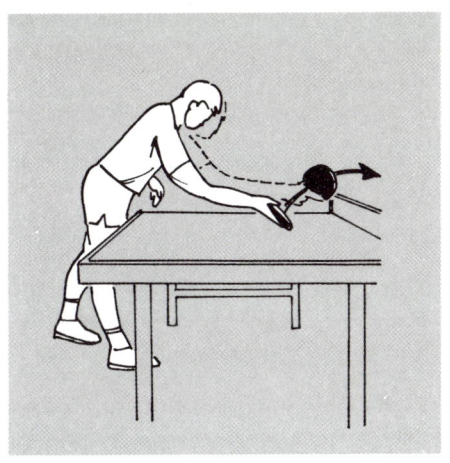

Klappbewegung des Handgelenks

Körper- und Beinarbeit

Da die eigentliche Flipbewegung vorwiegend vom Handgelenk ausgeführt wird, beschränkt sich die Körper- und Beinarbeit darauf, das Schlägerblatt in die richtige Position zu bringen. Um nahe genug an das Netz heranzukommen, muß der Spieler meist einen Schritt nach vorne unter den Tisch tun. Dies kann sowohl mit dem linken als auch mit dem rechten Fuß geschehen. Meist wird der rechte Fuß benutzt. Der Oberkörper ist stark nach vorne gebeugt und der Arm fast gestreckt.

Großer Schritt nach vorne

Stellung des Schlägerblattes

Die Stellung des Schlägerblattes hängt in erster Linie vom ankommenden Ball und dem Balltreffpunkt ab.
Je mehr Unterschnitt und je tiefer der Balltreffpunkt, desto offener das Schlägerblatt und desto intensiver die Bewegung nach oben.

Je weniger Unterschnitt, desto geschlossener das Schlägerblatt und desto deutlicher ist die Bewegung nach vorne gerichtet.
Neben vielen Mischformen lassen sich zwei unterschiedliche Arten, das Schlägerblatt an den Ball heranzuführen, unterscheiden.

Ausführung I: Wegklappen zur Seite

Die hier beschriebene Ausführungsweise ist die weniger gebräuchliche Art der Flipbewegung. Sie wird zwar von etlichen Spitzenspielern praktiziert, tritt aber meist in einer Mischform mit Ausführung II auf. Das kennzeichnende Merkmal dieses Flips ist es, Ober- und Unterarm parallel zum Netzverlauf in Richtung des eingezeichneten schwarzen Pfeiles zu schwingen. Diese Bewegung zielt eigentlich in eine andere Richtung als die eigentliche Schlagrichtung (dicker Pfeil). Im Balltreffpunkt zeigt die Spitze des Schlägerblattes zur gegnerischen Tischhälfte. Der Ball wird quasi im Vorbeischwingen seitlich gerempelt und mit einem Handgelenksschnick auf die andere Plattenhälfte befördert. Bei starkem Unterschnitt ist das Schlägerblatt in der Anfangsphase offen und in der Endphase annähernd geschlossen.

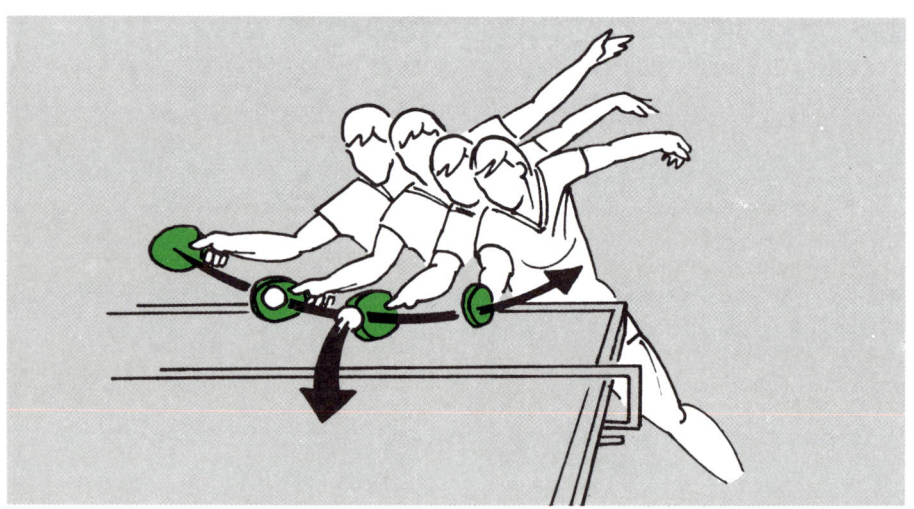

Seitliches Wegklappen des Handgelenks

Ausführung II: Wegklappen nach oben vorne

Diese Ausführung ist die allgemein übliche.

Ähnlich wie beim Schupf- oder Unterschnittball wird das geöffnete Schlägerblatt in Richtung des ankommenden Balls geführt. Der Oberkörper ist, je nach Größe des Spielers, nach vorne gebeugt. Um nahe an das Netz heranzukommen, ist auch ein Schritt unter den Tisch erforderlich. Dieser kann sowohl mit dem linken (Abb. links) als auch mit dem rechten Fuß (Abb. rechts) gemacht werden.

Der eigentliche Schlag wird durch die Unterarmbewegung, in erster Linie jedoch von der Handgelenkbewegung ausgeführt. Je nach Schnittstärke des ankommenden Balls wird das Handgelenk mehr oder weniger weit geöffnet. Auch die Intensität der Handgelenkbewegung hängt vom ankommenden Ball ab.

Schritt nach vorne mit dem linken Fuß

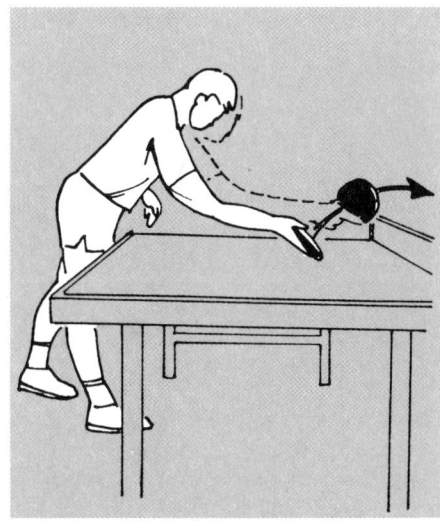

Schritt nach vorne mit dem rechten Fuß

Bewegungsrichtung vorwärts – Block- und Kontertechnik

Block- und Kontertechniken des Angriffspielers

Die einzelnen Schlagarten mit Bewegungsrichtung vorwärts
1. Block
2. Konter
3. Schuß oder Endschlag

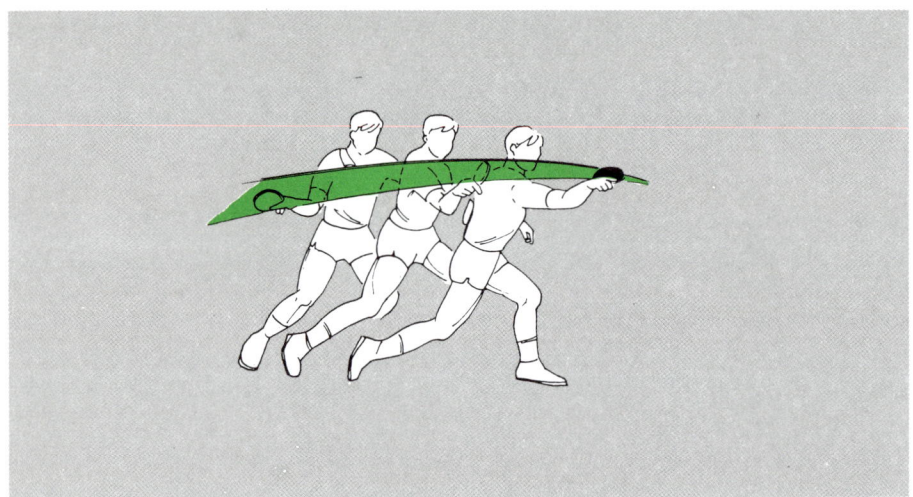

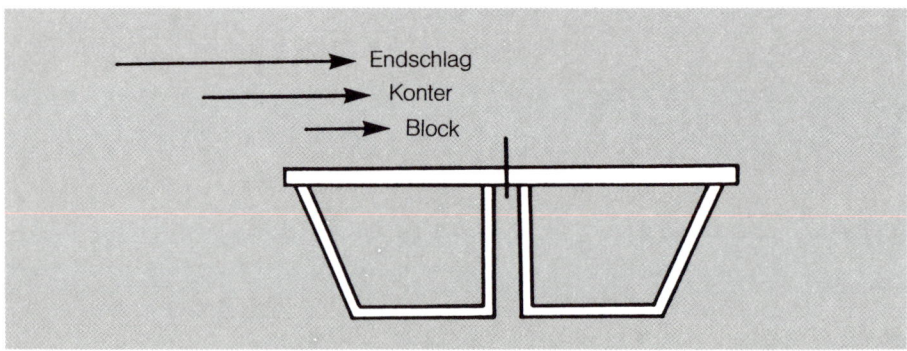

Ballerwartungshaltung

Da der Block- und Konterspieler dem Tisch am nächsten steht, verbleibt ihm auch die geringste Zeitspanne für die Rückgabe des ankommenden Balles. Deshalb nimmt er eine ziemlich tiefe Grätschstellung ein.
Seine Knie sind angewinkelt, der Oberkörper ist stark nach vorne gebeugt, und das Gesamtgewicht lastet auf beiden Vorderfüßen. Ober- und Unterarm bilden einen Winkel von ca. 90 Grad. Bei dieser »Kauerstellung« entsteht eine gewisse Vorspannung, die ein schnelles Reagieren ermöglicht. Man könnte diese Stellung deshalb auch als Lauerstellung bezeichnen.

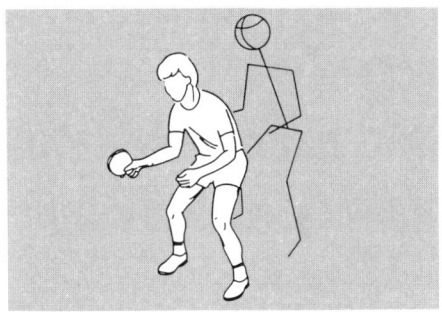

Kauerstellung

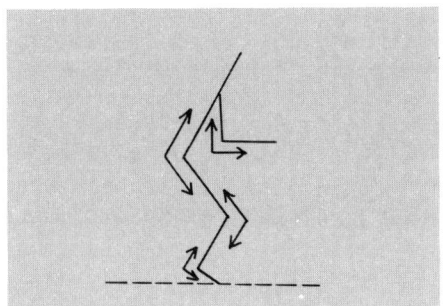

Schema der Kauerstellung

Position am Tisch

Fast alle Block- und Konterspieler stehen etwas links der Mittellinie des Tisches, also zur Rückhandseite hin versetzt, da die Vorhand eine größere Reichweite hat. Spieler, die auf Vor- und Rückhand gleich gut sind, stehen meist näher zur Mittellinie. Ihre Beinstellung ist auch paralleler zur Grundlinie als bei Spielern, die möglichst häufig ihre Vorhand einsetzen möchten. Sie plazieren sich eher in der Rückhandseite, aber mit zur Vorhand hin geöffneter Stellung.

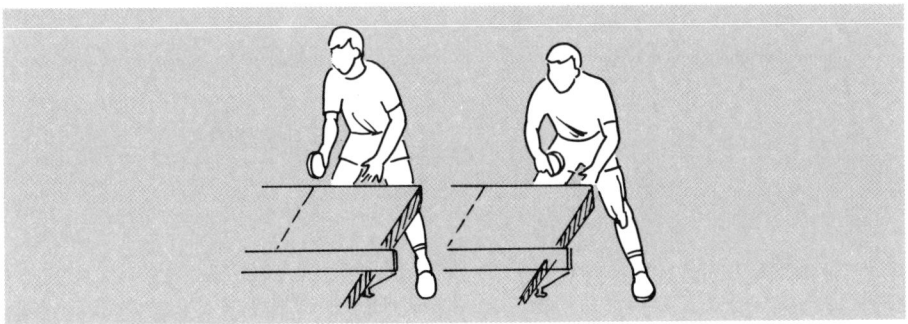

Stellungen der Block- und Konterspieler

Verschiedene Bewegungselemente zur Erzeugung von Vorwärtsschub

Bei den nun folgenden Schlagarten ist die Vorwärtsbewegung das wichtigste Kriterium. Deshalb sollen zu Beginn dieses Kapitels zuerst die verschiedenen Möglichkeiten aufgezeigt werden, wie sich Vorwärtsschub oder Translation erzeugen läßt. Dabei werden die einzelnen Elemente zur Verdeutlichung isoliert aufgeführt. In der Spiel- und Wettkampfpraxis werden meist mehrere Elemente miteinander kombiniert.

Gewichtsverlagerung vom hinteren auf den vorderen Fuß

Nachdem der Spieler sein Gewicht in der Ausholphase zum Großteil auf den hinteren rechten Fuß verlagert hat, bringt er es nun energisch auf den vorderen linken Fuß. Diese Gewichtsverlagerung nach vorne, die sogar zum Sprung nach vorne werden kann, sorgt für einen kräftigen Vorwärtsschub.

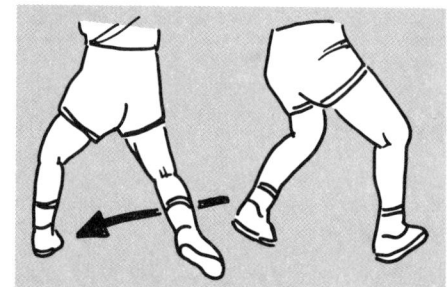

Gewichtsverlagerung nach vorne

Gesamtkörperdrehung

Beim Vergleich der abgebildeten Anfangs- und Endphase eines Vorhandendschlages erkennen Sie, daß die Stellung des Körpers sich extrem geändert hat, die Füße aber noch auf der gleichen Stelle stehen. Der Körper hat sich also über den beiden Füßen als Rotationspunkt gedreht. Diese Drehung und der dadurch erzeugte Vorwärtsschub kann auch nur über einen festen Drehpunkt erfolgen.

Gesamtkörperdrehung

Hüft- und Oberkörperdrehung

Die Vorwärtsbewegung kann ebenso durch eine Hüftdrehung eingeleitet werden.
Die Drehung des Oberkörpers sorgt besonders für den gewünschten Vorwärtsschub.

Drehung aus der Hüfte

Vorbringen von Schulter und Oberarm

Durch die Oberkörperdrehung wird die Schulter automatisch, ohne eigenes Zutun, nach vorne gebracht. Zusätzlich dazu ist es noch möglich, die Schulter nebst Schulterblatt und Schlüsselbein aktiv nach vorne zu bewegen. Dadurch wird ein zusätzlicher Vorwärtsschub erzielt.
Wie die rechte Abbildung zeigt, wird auch der Oberarm nach vorne bewegt. Diese Oberarmbewegung bewirkt, daß der Ellbogen auf der eingezeichneten Linie ein kleines Stück nach vorne wandert.

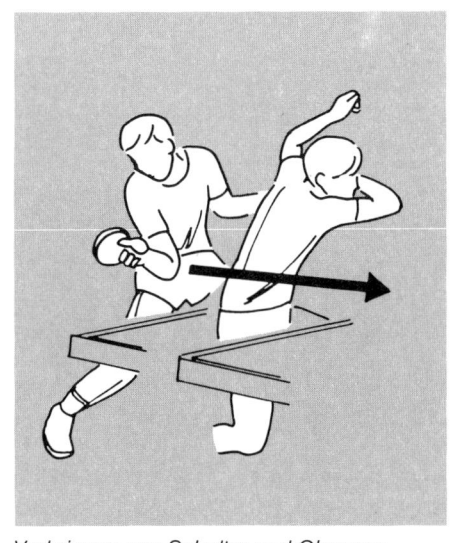

Vorbringen von Schulter und Oberarm

Vorbringen von Unterarm und Handgelenk

Auch durch das alleinige Vorbringen von Unterarm und Handgelenk können effektive Vorwärtsschübe erzielt werden.
Auf dieser Abbildung können Sie eine Kombination von Unterarm-/Handgelenkbewegung und Oberkörperdrehung sehen.

Die optimale Kombination verschiedener Einzelelemente ist, je nach Plazierung und zur Verfügung stehender Zeit, das Geheimnis des guten Angriffsspielers. Kombinieren Sie mit.

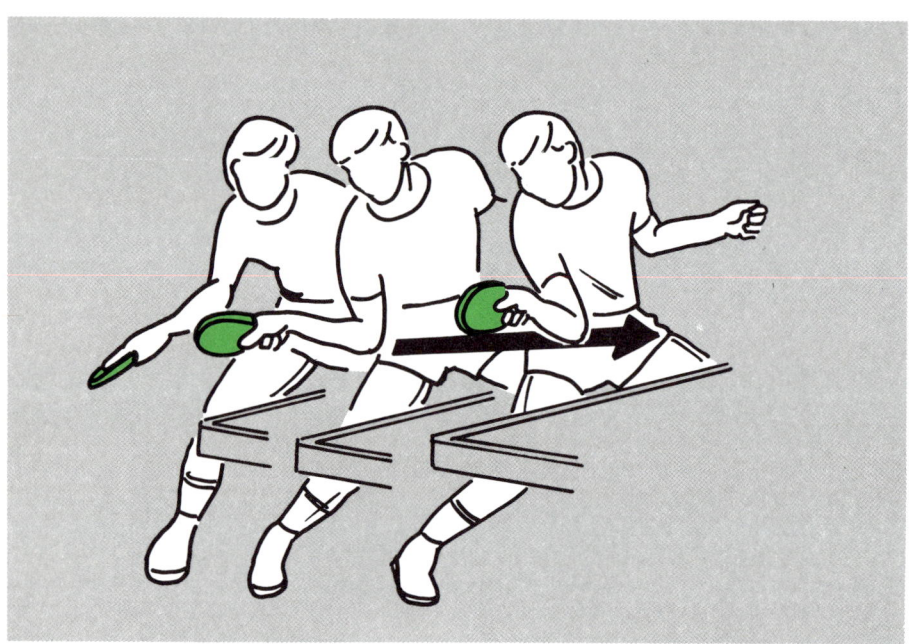

Vorbringen von Unterarm und Handgelenk

Rückhandkonterschlag

Der Rückhandkonterschlag ist ein Schlag, bei dem der Ball einen ganz geringen Vorwärtsdrall und eine hohe Geschwindigkeit erhalten soll. Dies wird erreicht durch ein schnelles, kräftiges Drücken (Schieben) oder Klappen des Schlägerblattes mit senkrechter oder leicht geschlossener Stellung in Richtung gegnerische Tischhälfte.
Rückhandkontern bedeutet Drücken (Schieben) und/oder Klappen.

Beschreibung der Technik

Dieses schnelle Nachvornebringen des Schlägerblattes läßt sich verschieden bewerkstelligen, durch Klappen, Schieben oder eine Kombination dieser beiden Möglichkeiten.

Rückhandkontern mit der Schiebetechnik

Neben der Klapptechnik gibt es noch die viel einfachere Rückhandschiebetechnik. In der Ausholphase wird das Schlägerblatt durch starkes Anwinkeln des Armes im Ellbogengelenk etwa in Hüft- bis Bauchhöhe nahe an den Körper zurückgeführt. Durch die schnelle, kräftige Streckung des Armes wird das Schlägerblatt, das lediglich in der richtigen Winkelstellung gehalten werden muß, nach vorne geführt und der Ball getroffen.

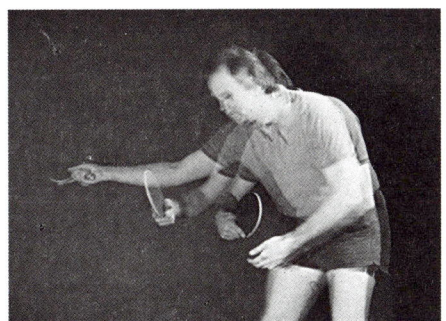

Streckung des Armes bei der Schiebetechnik

Rückhandkontern mit der Klapptechnik

Klappen heißt in der Tischtennissprache soviel wie »Schließen des Schlägerblattes«. Ähnlich wie beim Zuklappen des Kistendeckels einer Zigarrenschachtel wird auch das Schlägerblatt aus einer offenen bis leicht geschlossenen Stellung durch Klappen geschlossen. Dieses Klappen kann aufgrund der anatomischen Gegebenheiten des menschlichen Armes verschieden ausgeführt werden.

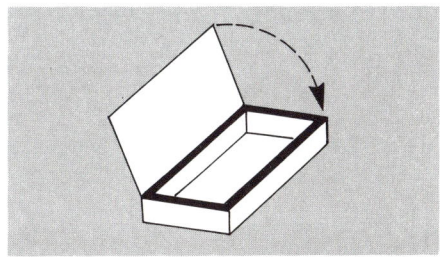

Klappen wie der Deckel einer Schachtel

Phasendarstellung des Rückhandkonterschlages mit der Klapptechnik

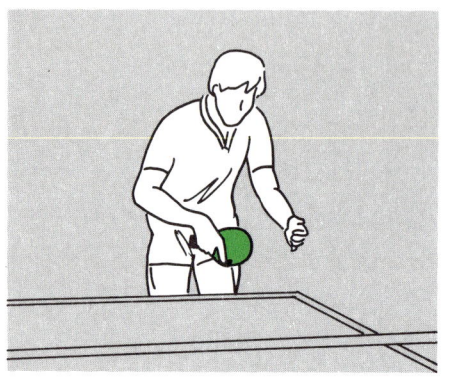

Phase 1

Phase 2

Phase 3

Phase 4

Phase 5

Phase 6

Einzelelemente der Klapptechnik

Klappen nur mit Handgelenkeinsatz

Alleine durch eine gekonnte Handgelenkbewegung kann ein effektives Rückhandkontern ausgeführt werden. Zunächst wird die Schlaghand im Handgelenk möglichst weit nach hinten zur linken Körperhälfte zurückgeführt (zurückgeklappt). Nun werden Schlaghand und Schläger wieder nach vorne geklappt, indem das Handgelenk halbkreisförmig um seine eigene Gelenkachse bewegt wird (siehe Bildserie vorige Seite).

Klappen nur durch Unterarmeinsatz

Rückhandkontern ist auch durch alleinigen Unterarmeinsatz möglich. Wie Sie nebenstehendem Foto entnehmen können, verbleibt der Ellbogen in allen drei Bewegungsphasen an gleicher Stelle. Auch das Handgelenk vollführt keine Bewegung. Lediglich der Unterarm bewegt sich halbkreisförmig um den fixen Ellbogenpunkt. Dies ist die eine Bewegungskomponente des Klappens nur durch Unterarmeinsatz. Die zweite Komponente ist nicht ganz leicht zu erkennen, aber sehr wichtig für das Gelingen des Schlages. Zu Beginn des Schlages ist das Schlägerblatt geöffnet, in der Endphase geschlossen. Durch die eben beschriebene Bewegungskomponente I wird der Schläger jedoch nur nach vorne bewegt, eine Veränderung der Winkelstellung des Schlägerblattes kann also nicht von dieser Bewegung herrühren. Das Schließen des Schlägerblattes wird durch eine Unterarmdrehung im Ellbogengelenk erreicht. Dabei ändert sich aber die Stellung des Ellbogens nicht. Die äußere Handfläche zeigt zu Beginn der Bewegung gen Himmel, gegen Ende der Bewegung zu Boden. Mit Hilfe der Zeichnung sollen die beiden Bewegungskomponenten noch anschaulicher werden. Der Unterarm wird halbkreisförmig nach vorne gebracht (Komponente I) und gleichzeitig mit Handgelenk und Schläger gedreht (Komponente II).

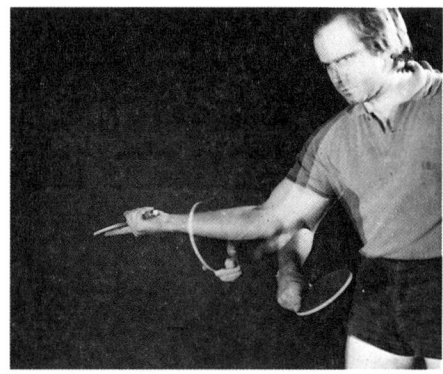

Klappen durch Unterarmeinsatz

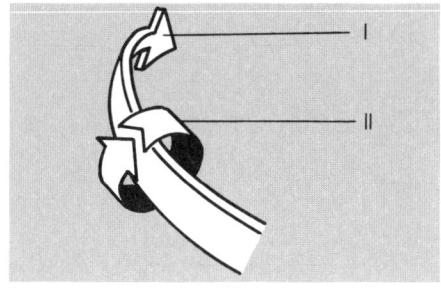

Die beiden Bewegungskomponenten beim Klappen durch Unterarmeinsatz

Klappen mit Handgelenk- und Unterarmeinsatz

Wenn man das Klappen des Handgelenks, die halbkreisförmige Unterarmbewegung und die Unterarmdrehung kombiniert, erhält man einen effektiven, harmonischen Bewegungsablauf. Je nach Situation sollte man die einzelnen Möglichkeiten einzeln oder kombiniert anwenden. Neben der Klapptechnik und ihren verschiedenen Varianten gibt es auch noch die einfachere Schiebetechnik.

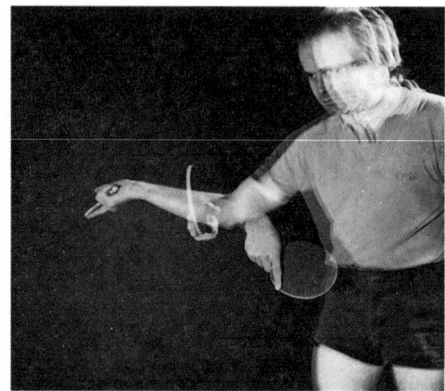

Bewegungsablauf bei Kombination beider Elemente

Zusammenfassung

Wir haben nun die Schiebetechnik und verschiedene Formen der Klapptechnik kennengelernt. Allerdings treten die aufgeführten Einzeltechniken des Rückhandkonterschlages meist nicht isoliert auf, sondern fast immer kombiniert. Einen einzigen und für alle sich im Spiel ergebenden Situationen optimalen Bewegungsablauf gibt es beim Rückhandkontern leider nicht. Der optimale Schlagablauf wird für jede Situation anders sein. Unter starker Zeitbedrängnis wird man häufig nur Handgelenk oder Unterarm einsetzen können, mal mit, mal ohne Klappen. Bei mehr Zeit können alle Einzelelemente kombiniert und sogar noch eine Gewichtsverlagerung vom hinteren auf den vorderen Fuß ausgeführt werden.

Vorhandkonterschlag

Beschreibung der Technik

Auch den Vorhandkonterball zeichnet, ebenso wie den Rückhandkonterball, ein hohes Tempo und eine geringe Vorwärtsrotation aus. *Vorhandkontern bedeutet Drücken (Schieben).* Die Vorhandtechnik lebt von der Schub- oder Drücktechnik. Die Klapptechnik wie bei der Rückhand ist zwar möglich, wird aber kaum angewandt.

Erwartungs- und Ausholphase

Sobald der Spieler erkennen kann, daß der nächste Ball in seine Vorhand kommen wird, nimmt er eine leicht seitliche, zur Vorhand hin geöffnete Stellung ein und führt das Schlägerblatt durch eine Oberkörperdrehung zum Ausholen nach hinten. Je mehr Zeit verbleibt und je fester der Konterschlag werden soll, desto extremer ist sowohl die seitliche Stellung als auch die Ausholbewegung.

Ausholbewegung

Schwung- und Treffphase

Nun beginnt die eigentliche Schlagbewegung, die hauptsächlich durch die Bewegung des Oberarmes gekennzeichnet ist. Das Schlägerblatt ist leicht geschlossen und trifft den Ball etwas seitlich vor dem Körper. Die Bewegung ist ziemlich geradlinig nach vorne gerichtet.

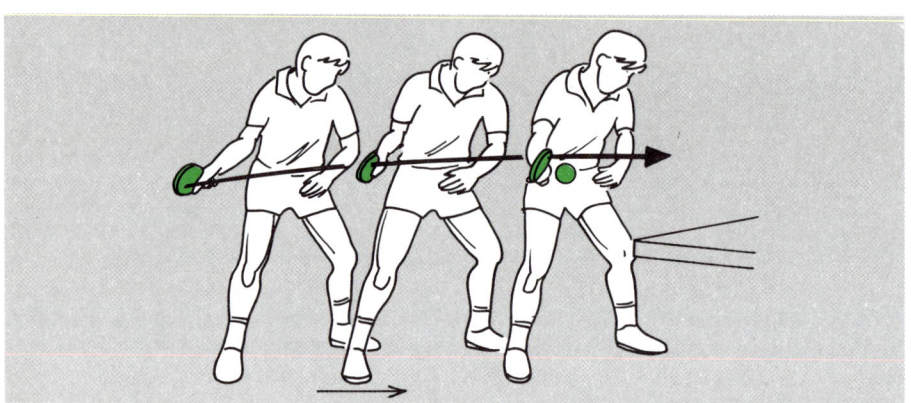

Schlagbewegung

Ausschwungphase

Nachdem der Ball getroffen wurde, schwingt der Schläger noch etwas nach. Dabei dreht der Oberkörper leicht mit. Das Schlägerblatt, das in der Ausholphase nur leicht geschlossen war, ist in der Balltreffphase etwas weiter und in der Endphase fast ganz geschlossen.

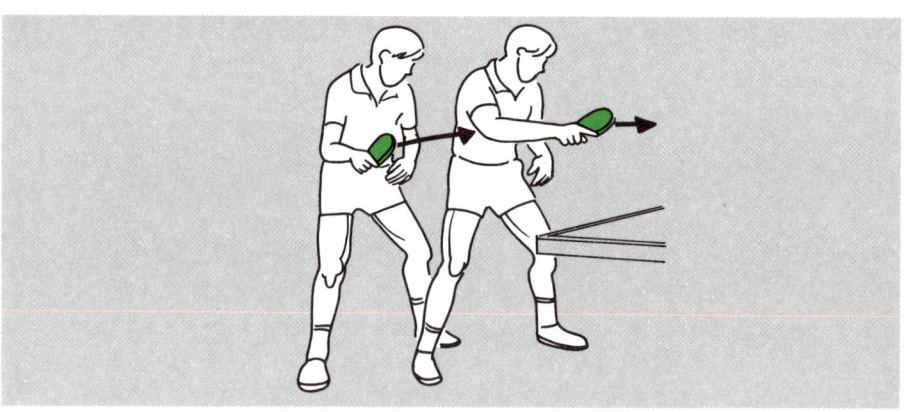

Ausschwungphase

Kernschlag, Endschlag oder Schmetterball

Der Kernschlag ist von seiner Struktur her dem Konterball sehr ähnlich, denn Bewegungsrichtung, Balltreffpunkt und Stellung des Schlägerblattes stimmen weitgehend überein.
Allerdings ist die Bewegung beim Kernschlag länger, und sie wird mit einer entschieden größeren Dynamik, ja äußerster Anstrengung ausgeführt.
Das Ziel des Kernballes ist es, mit einem einzigen Schlag direkt zum Punktgewinn zu kommen.

Kernschuß ist explosiver Körpereinsatz (hohe Dynamik).

Besonders 3 Elemente charakterisieren den Bewegungsaufbau am besten:
1. Extreme Gewichtsverlagerung von hinten nach vorne. Diese Gewichtsverlagerung ist im Extremfall ein Sprung nach vorne.
2. Extreme Oberkörperdrehung
3. Extremer Armzug

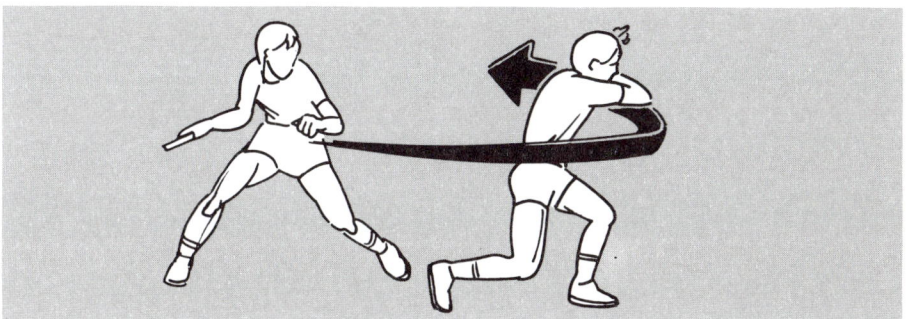

Bewegungsablauf des Kernschlages

Balltreffpunkt und Stellung des Schlägerblattes

Der ankommende Ball kann in verschiedenen Phasen seiner Flugkurve angenommen werden.
Von dem Punkt, an dem der Ball getroffen wird, hängt die Winkelstellung des Schlägerblattes und die Zeitspanne, die für den Return zur Verfügung steht, ab. Der Zeitfaktor spielt also eine entscheidende Rolle. Für den optimalen Anstellwinkel des Schlägerblattes läßt sich folgende Faustregel aufstellen: *Je tiefer der Ball getroffen wird, desto offener das Schlägerblatt. Je schneller die Bewegungsgeschwindigkeit des Schlagarmes, desto geschlossener das Schlägerblatt.*

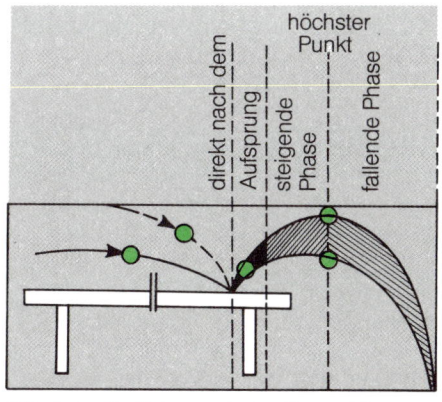

Mögliche Treffphasen beim Kernschlag

Vorhandendschlag

Ballerwartungs- und Ausholphase

Der Spieler erwartet den ankommenden Ball und führt, sobald er erkennen kann, daß dieser in seine Vorhand kommen wird, den Schlagarm durch eine leichte Oberkörperdrehung etwas nach hinten. Dadurch hat er in der darauf folgenden Schwungphase einen verlängerten Beschleunigungsweg zur Verfügung. Je mehr Zeit er hat, desto weiter kann und wird er ausholen. Bei genügend Zeit verlagert er in der Ausholphase auch sein Gewicht auf den hinteren rechten Fuß.

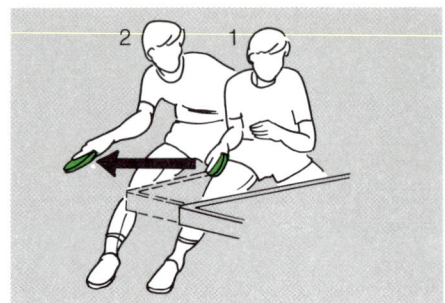

Ausholphase

Schwung- oder Beschleunigungsphase

Aus Position 3 auf nebenstehender Phasendarstellung wird nun der bereits in der Ausholphase im Ellenbogengelenk angewinkelte Schlagarm nach vorne gebracht. Dies geschieht zum einen durch eine Oberkörperdrehung und ein deutliches Nachvornebringen des Oberarms. Allein durch die Oberarmbewegung wird der gesamte untere Schlagarm (vom Ellbogen bis zur Schlägerspitze) entlang des eingezeichneten Pfeiles nach vorne geführt. Der Unterarm selbst hat bisher noch keine Arbeit verrichtet.

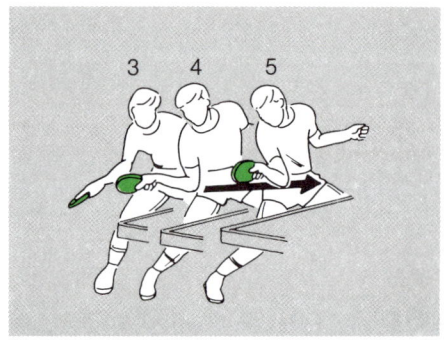

Schwungphase

Treff- und Ausschwungphase

Nun erst setzt die Arbeit des Unterarmes ein. Er wird mit Vehemenz nach vorne geführt. Oberkörper und Oberarm machen diese Bewegung mit. Der Ausschwung ist beendet, wenn sich das Schlägerblatt etwa in Höhe des linken Ohres und der Ellbogen vor dem Gesicht des Spielers befindet.

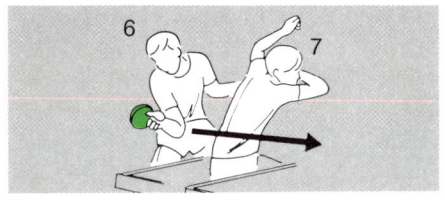

Balltreffpunkt und Ausschwungphase

Einzelelemente des Vorhandendschlages

Das Ziel des Vorhandendschlages ist es, möglichst mit einem einzigen Schlag zum Punktgewinn zu kommen. Deshalb müssen alle Möglichkeiten, den Ball zu beschleunigen, genutzt werden. Neben dem Armzug sind dies intensive Oberkörperdrehung und extreme Gewichtsverlagerung. Die Ausführungsintensität und der Bewegungsumfang aller drei Einzelelemente hängen eng mit dem Zeitfaktor zusammen.

Je mehr Zeit für die Schlagausführung zur Verfügung steht, desto deutlicher fallen Armzug, Oberkörperdrehung und Gewichtsverlagerung aus.

Zweimalige Gewichtsverlagerung

Erwartungsstellung
Wenn der Spieler seinen letzten Schlag ausgeführt hat und auf den Rückschlag des Gegners wartet, nimmt er eine ziemlich neutrale Stellung ein, denn er weiß noch nicht, ob der nächste Ball in die Vor- oder Rückhand kommen wird. Das Gewicht ruht zu gleichen Teilen auf beiden Beinen.

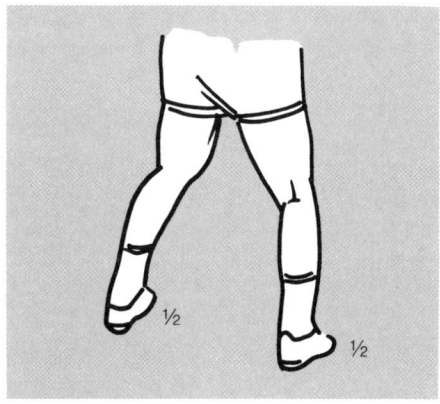

Erwartungshaltung

1. Gewichtsverlagerung
Der Spieler erkennt, daß der nächste Ball in seine Vorhand kommen wird. Daraufhin verlagert er einen Teil seines Körpergewichtes auf den rechten hinteren Fuß. Er bringt etwa $2/3$ seines Gewichtes auf diesen Fuß, um es später wieder nach vorne bringen zu können. So gewinnt der Schlag mehr Druck und Vehemenz.

Gewichtsverlagerung auf den rechten Fuß

2. Gewichtsverlagerung
Der Endschlag soll so hart und fest wie möglich sein. Deshalb wird das Körpergewicht wieder nach vorne gebracht, um in der Treffphase dem Ball starken Druck mitzugeben. Meist ist es so, daß in der Endphase des Schlages ca. 2/3 des Körpergewichtes auf dem vorderen linken und nur noch 1/3 auf dem rechten hinteren Fuß lasten. Im Extremfall springt der Spieler sogar in den Ball, so daß nach einer kurzen Flugphase das ganze Körpergewicht mit dem vorderen linken Fuß abgefangen werden muß.

Gewichtsverlagerung auf den linken Fuß

Oberkörper- und Hüftdrehung

Vergleicht man Anfangs- und Endphase eines Vorhandendschlages miteinander, so kann man deutlich die Drehung des Oberkörpers um fast 90 Grad erkennen.

In der Ausholphase hat uns der abgebildete Spieler noch die Brust zugewandt; in der Endphase zeigt er seine rechte Körperseite.

Drehung während der Schlagausführung

Armzug

Theoretisch lassen sich 2 Armbewegungskomponenten unterscheiden. Diese Unterteilung dient in erster Linie der Verdeutlichung. In der Praxis laufen diese beiden Komponenten harmonisch und bei vielen Spielern kaum erkennbar ineinander über. Manche Spieler haben auch eine der beiden Komponenten so perfektioniert, daß sie die zweite etwas vernachlässigen.

Komponente 1: Oberarmbewegung
Ohne den Winkel zwischen Oberarm und Unterarm zu verändern, wird alleine durch die Bewegung des Oberarmes nach vorne der Ellenbogen mitsamt Unterarm und Schlägerblatt in Richtung gegnerische Tischhälfte bewegt.

Komponente 2: Unterarmbewegung
Die Unterarmbewegung setzt erst später ein. Der Unterarm wird energisch nach vorne gepeitscht und kann sogar noch unterstützt werden durch einen schnellen, kräftigen Einsatz des Handgelenkes.

Armzug beim Vorhandendschlag

Vorhandendschlag unter Berücksichtigung des Zeitfaktors

Wie bei den meisten Schlagarten spielt auch beim Endschlag der Zeitfaktor eine besondere Rolle. Je mehr Zeit für eine Schlagausführung bleibt, desto deutlicher können die einzelnen Bewegungskomponenten ausgeführt werden.
Die Zeitspanne hängt von der Flugkurve des ankommenden Balles (je höher und langsamer der Ball angeflogen kommt, desto mehr Zeit bleibt) und vom Annahmezeitpunkt ab. Je später ein Ball angenommen wird, um so mehr Zeit steht für den Return zur Verfügung.
In der Grobstruktur sieht der Vorhandendschlag normalerweise so aus wie der Endschlag ohne Berücksichtigung des Zeitfaktors. Bei knapper Zeit verändert sich die Ausführung in bestimmten Details. Auf den folgenden Seiten gilt deshalb unser Augenmerk hauptsächlich den vom »Normalschlag« abweichenden Details.

Vorhandendschlag ohne Zeitdruck

Der unten dargestellte Bewegungsablauf entspricht in etwa dem Idealbild eines Kernschusses. Dem Angreifer steht relativ viel Zeit zur Verfügung, und er kann eine extrem seitliche Stellung einnehmen (Phase 1).
Dann beginnt die Bewegung nach vorne, an der der gesamte Bewegungsapparat des Körpers beteiligt wird. Der Spieler stößt sich mit dem hinteren rechten Fuß ab und bringt gleichzeitig das Schlägerblatt nach vorne (Phase 2).
In Phase 3 schwebt der Spieler aufgrund des kräftigen Abdrucks fast für einen Moment in der Luft. Die Oberkörperrotation und der Armschwung werden fortgesetzt und finden erst in der letzten Phase ihren Ausschwung (Phase 4).
In Phase 4 wird mit dem linken Bein das gesamte Körpergewicht abgefangen.

Bewegungsablauf des Vorhandendschlages

Phase 4 aus frontaler Sicht

Vorhandendschlag unter leichtem Zeitdruck

Wenn dem Spieler nicht ganz so viel Zeit bleibt, ist seine Stellung am Tisch etwas paralleler und seine Ausholbewegung etwas kürzer. Er schwingt in der Ausholphase also nicht ganz so weit nach hinten. Am bemerkenswertesten aber ist, daß der erste Bewegungsimpuls vom Unterarm ausgeht und nicht von der Gewichtsverlagerung oder der Oberarmbewegung.
Als erstes wird also der Unterarm nach vorne gepeitscht, die anderen nachfolgenden Bewegungselemente können nur noch unterstützend eingreifen.

Beginn des Unterarmschwungs

Kurz nach dem Unterarmschwung setzt die Gewichtsverlagerung (hier sogar ein kleiner Sprung nach vorne) vom hinteren rechten auf den vorderen linken Fuß ein. Der linke Arm befindet sich angewinkelt vor dem Körper. Er wird später, den Vorschwung unterstützend, nach hinten gerissen.

Gewichtsverlagerung

Jetzt erst setzt die Oberarmbewegung ein und unterstützt noch die Unterarmbewegung. Wie bei einer mehrstufigen Rakete folgt auch hier eine Stufe nach der anderen. Nach der ersten Stufe (Unterarm) kommt die Gewichtsverlagerung, dann der Oberarmschwung und die Oberkörperrotation als 4. Stufe.

Oberarmbewegung

Als 5. Stufe unserer Bewegungsrakete ist der energische Rückschwung des linken Armes anzusehen, der bereits in Phase 3 einsetzt und erst in der letzten Phase endet.

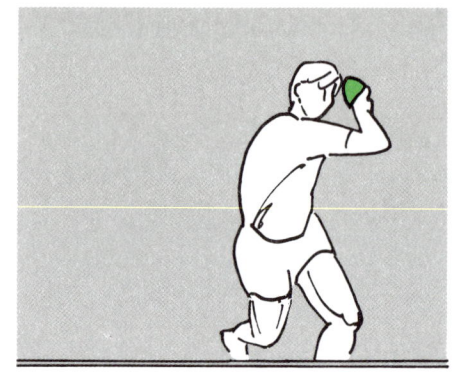

Rückschwung des linken Armes

Der linke Arm, der sich in der ersten und zweiten Phase noch vor dem Körper befand, wird angewinkelt zurückgeführt und hat erst in der letzten Phase, in der er gestreckt nach hinten zeigt, seine schwungunterstützende Funktion erfüllt.

Endphase mit gestrecktem linken Arm

Vorhandendschlag unter starkem Zeitdruck

Je knapper die Zeit, desto paralleler und breiter wird die Beinstellung. Die Füße stehen hier mehr als schulterbreit auseinander. Unser Spieler nimmt nur mehr eine leicht seitliche, fast schon parallele Beinstellung ein. In der Ausholphase (Bild 1) schwingen die linke Schulter und der linke Arm nach vorne, während die Schlaghand zum Ausholen nach hinten geführt wird. Der Endschlag unter starkem Zeitdefizit unterscheidet sich in zwei wesentlichen Details vom vorher beschriebenen Schlagverlauf unter leichtem Zeitdruck. Zum einen ist die Gewichtsverlagerung nicht mehr so deutlich nach vorne gerichtet, die seitliche Verlagerung fällt schon deutlicher aus (Bild 2 bis 4), zum anderen kann der linke Arm nicht mehr so aktiv die Bewegung unterstützen, er wird nur noch mitgeführt.

Ausholphase

Schlagbewegung

Geringere seitliche Gewichtsverlagerung

Geringere Unterstützung durch den linken Arm

Vorhandendschlag unter extremem Zeitdruck

Unserem Spieler steht so wenig Zeit zur Verfügung, daß er vollkommen *parallel* zur Grundlinie steht. Er hat eine extrem breite Grätschstellung eingenommen (fast doppelte Schulterbreite). Die Ausholphase beschränkt sich auf ein minimales Zurückdrehen des Oberkörpers. Die linke Hand befindet sich vor dem Oberkörper. Aus Zeitmangel wird sie aber nicht zur Schwungunterstützung dienen können.

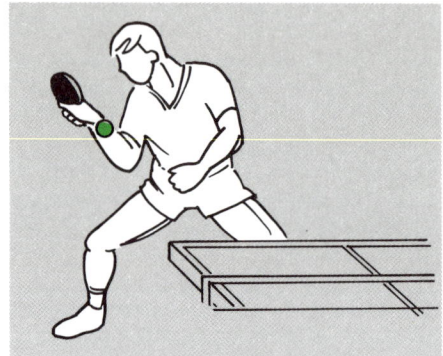

Eingeschränkte Ausholphase

Die Schlagbewegung setzt damit ein, daß der Unterarm energisch nach vorne geführt wird und gleichzeitig die Oberkörperrotation beginnt. Die linke Hand bewegt sich zunächst gar nicht und wickelt sich dann durch die Oberkörperrotation um den Bauch. Dies ermöglicht eine schnellere Rotationsbewegung des Schlagarmes mit dem Oberkörper als senkrechte Drehachse.

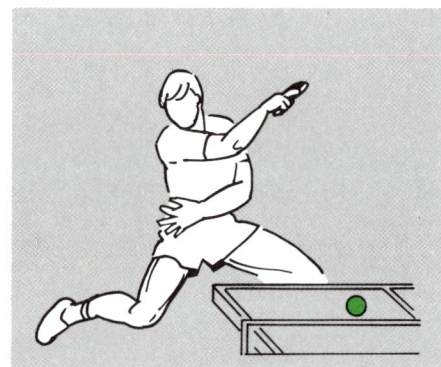

Schlagbewegung

Auch das Zurückführen des angewinkelten Schlagarmes nach dem Balltreffpunkt in Richtung linkes Ohr dient der optimalen Beschleunigung entsprechend der natürlichen Rotationsbewegung um eine senkrechte Achse. Je näher sich die zu bewegenden Teile, also die Arme, bei der Rotationsachse (Oberkörper) befinden, desto schneller kann die Drehung erfolgen.

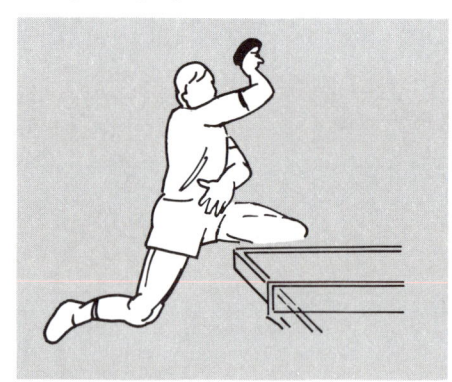

Ausschwungphase

Rückhandendschlag

Der Rückhandendschlag wird nur von wenigen europäischen Spitzenspielern im Spiel angewandt. Lediglich die russische Tischtennisschule legt besonderen Wert auf diesen Schlag.

Prinzipiell lassen sich alle Kriterien, die auf den Seiten zuvor für den Vorhandendschlag erläutert wurden, auch für den Rückhandendschlag anwenden. Also lassen sich auch beim Rückhandendschlag durch die Kombination verschiedener Bewegungselemente unterschiedliche Schlagausführungen zusammenstellen, je nach Situation und individueller Spielweise.

Der Rückhandendschlag ist in der Ausführung von seiner Bewegungsstruktur her oft identisch mit dem geklappten Rückhandkonterball, nur dynamischer und etwas länger. Das Schlägerblatt wird zunächst etwa in Hüfthöhe links neben den Körper zurückgeführt (1). Durch eine energische Rechtsdrehung des Oberarms wird der Unterarm samt Schläger halbkreisförmig nach rechts vorne bewegt (2). Ein Klappen des Handgelenks unterstützt diese Bewegung noch (3).

Auf der oberen Abbildung der nächsten Seite sehen Sie, daß die Beschleunigung des Schlägerblattes auch durch die Kombination anderer Bewegungselemente zu erzielen ist. Hier sind es eine kräftige Streckung des Armes im Ellbogengelenk, eine leichte Oberkörperdrehung und eine Gewichtsverlagerung auf den vorderen rechten Fuß. Der linke Fuß wurde in der Endphase sogar angehoben und ist daher selbst aus dieser Perspektive noch zu erkennen.

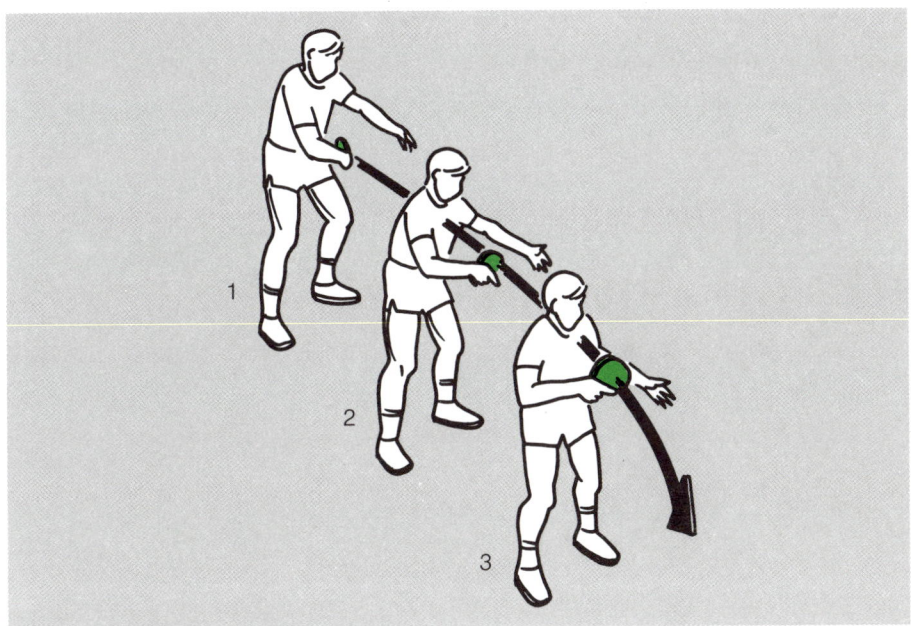

Bewegungsablauf Rückhandendschlag

Rückhandendschlag mit Streckung des Ellbogengelenks

Auf der unteren Abbildung wird die Gewichtsverlagerung noch deutlicher. Da dem Spieler ausreichend Zeit zur Verfügung steht, kann er mit einem kraftvollen Schritt nach vorne die Wucht seines Rückhandendschlages deutlich erhöhen.

Rückhandendschlag mit großem Schritt nach vorne

Vorhandblock

Das Blockspiel ist vom Bewegungsaufwand her eine sehr passive Spielart, denn während des Ballkontaktes findet nur eine minimale Schlagbewegung statt. Manche sprechen deshalb auch vom passiven Block. Die Kunst des Blockspiels besteht nun darin, den Gegner die körperliche Arbeit leisten zu lassen, die Rotation und Bewegungsenergie des ankommenden Balles durch geschicktes Hinhalten des Schlägers, quasi als Retourkutsche, wieder zurückzugeben.
Der Blockspieler setzt der körperlichen Arbeit des Gegners seine geistige entgegen, denn er muß Flugkurve und Rotation des ankommenden Balles richtig einschätzen und das Schlägerblatt in der optimalen Winkelstellung postieren. Der ankommende Ball prallt dann am hingehaltenen Schlägerblatt ab. *Blocken bedeutet Abprallenlassen.* Faustregel: Je stärker die Vorwärtsrotation des ankommenden Balles, desto geschlossener ist das Schlägerblatt beim Block hinzuhalten. Je geringer die Vorwärtsrotation, desto senkrechter das Schlägerblatt.

Abprallenlassen beim Vorhandblock

Bewegungsbeschreibung Vorhandblock

In Situationen, in denen kaum Zeit bleibt, um eine optimale Stellung einzunehmen, die ein Eingreifen in das Geschehen erlaubt, hilft der Block dem Angriffsspieler seine tischnahe Position zu verteidigen. Manche Spieler haben das Blockspiel derart verfeinert, daß sie mit geringem körperlichem Aufwand ansehnliche Erfolge erzielen. Da es beim Block nur darum geht, das Schlägerblatt richtig zu postieren, kommen Körperhaltung und Beinstellung keine allzu große Bedeutung zu. Die Beinstellung ist meist parallel oder etwas seitlich zur Grundlinie.

Da es lediglich darum geht, das Schlägerblatt am rechten Ort in der richtigen Winkelstellung zu postieren, wird das Schlägerblatt entweder seitlich vor oder neben dem Körper hingehalten. Die Beinstellung sollte so gewählt sein, daß nach dem Block wieder eine aktivere Schlagart möglich wird.

Schlägerhaltung, seitliche Ansicht

Schlägerhaltung von vorne

Rückhandblock

Auch der Rückhandblock ist eine sehr passive Schlagart, jedoch im Gegensatz zur Vorhandseite ist ein Umschalten vom passiven Block auf aktives Konter- oder Topspinspiel bei der Rückhand leichter als bei der Vorhand. Deshalb wird der Rückhandblock auch von guten Spielern häufiger angewandt.

Die Beinstellung ist die gleiche wie beim Rückhandkontern, also parallel oder leicht zur Rückhand hin geöffnet (linker Fuß hinter dem rechten Fuß; Abb. unten). Aus diesem Grunde ist auch das Umschalten von Block- auf Konterspiel sehr einfach.

Rückhandkontern bedeutet Abprallenlassen. Nachdem Flugkurve, Tempo und Rotation des ankommenden Balles blitzschnell analysiert wurden, wird das Schlägerblatt kurz hinter dem Aufsprungpunkt in der richtigen Winkelstellung postiert, um den Ball daran abprallen zu lassen. Er behält sowohl seine Rotationsrichtung als auch seine gesamte Bewegungsenergie, bei. Durch das Blocken wird lediglich die Flugrichtung verändert.

Abprallenlassen beim Rückhandblock

Zusammenfassung

Durch die – wenn auch zugegebenermaßen oftmals erfolgreiche – passive Spielweise beim Block wird die Initiative aus der Hand gegeben, und der Blockspieler muß auf die Fehler seines Gegners warten. Deshalb sollte das Blockspiel nie Selbstzweck sein, sondern immer nur als Vorstufe für nachfolgendes aktives Spiel betrachtet werden.

Diese Ausführungen und Empfehlungen gelten besonders für den Tischtennisanfänger.

Schlägerhaltung, seitliche Ansicht

Spezialschlag: Stoppblock

Um besonders schnell ankommenden Bällen das Tempo zu nehmen, wenden einige technisch versierte Spieler den sogenannten Stoppblock an. Dies ist eine spezielle Form des Blockballs. Das Schlägerblatt wird nicht wie sonst üblich einfach nur hingehalten, um den ankommenden Ball abtropfen zu lassen, nein, es wird sogar eine minimale Bewegung ausgeführt. Beim Auftreffen des Balles auf dem Schlägerblatt wird dieses sanft zurückgezogen, um damit den Aufprall des Balles abzumildern, Tempo herauszunehmen und das Spiel wieder in eine langsamere Gangart zurückzuführen. Je nach Rotation und Flugkurve des ankommenden Balles wird dabei das Schlägerblatt entweder parallel zur Tischoberfläche nach hinten (Abb. rechts) oder aber nach hinten oben geführt (Abb. unten). Der Stoppblock kann sowohl mit der Vorhand als auch mit der Rückhand gespielt werden.

Bewegung parallel nach hinten

Bewegung nach hinten oben

Bewegungsrichtung abwärts – Verteidigungstechnik

Verteidigungstechnik – Technik des Abwehrspielers

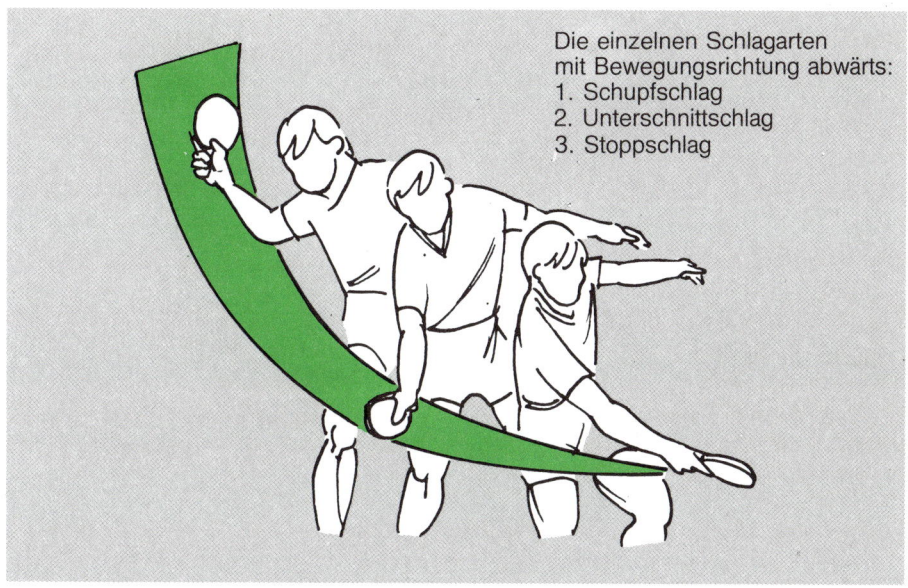

Die einzelnen Schlagarten mit Bewegungsrichtung abwärts:
1. Schupfschlag
2. Unterschnittschlag
3. Stoppschlag

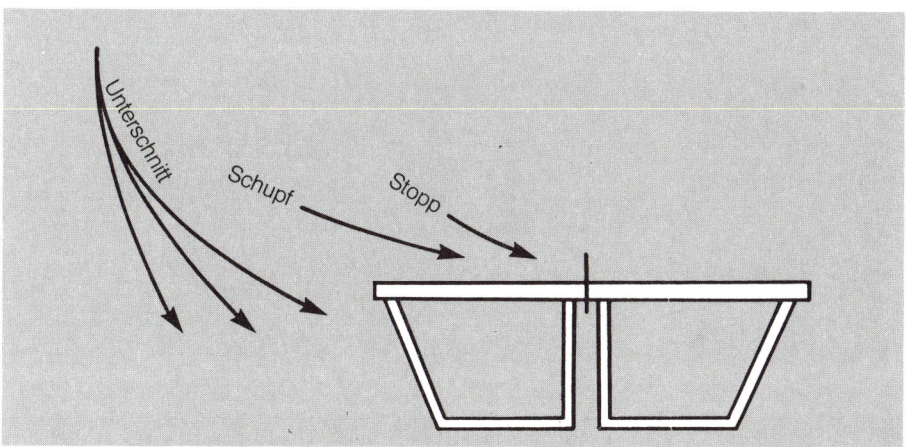

Ballerwartungshaltung

Da der Abwehrspieler die längsten Wege zurücklegen muß, ist diese Mittelposition mit paralleler Beinstellung der optimale Kompromiß aller möglichen Bereitschaftsstellungen. Der Oberkörper ist leicht vorgebeugt, und die Knie sind etwas eingeknickt. Ober- und Unterarm bilden etwa einen Winkel von 90 Grad. Die relativ aufrechte Stellung des Abwehrspielers erklärt sich aus der etwas größeren Distanz zum Tisch, wodurch mehr Zeit zur Reaktion bleibt.

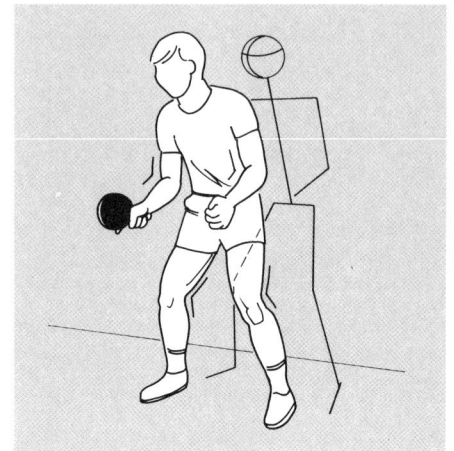

Ballerwartungshaltung

Position am Tisch

Der Abwehrspieler erwartet den Ball ungefähr 1,5 m hinter dem Tisch, in der Verlängerung der Tischmittellinie stehend. Seine Haltung ist parallel zur Grundlinie (Abb. unten).

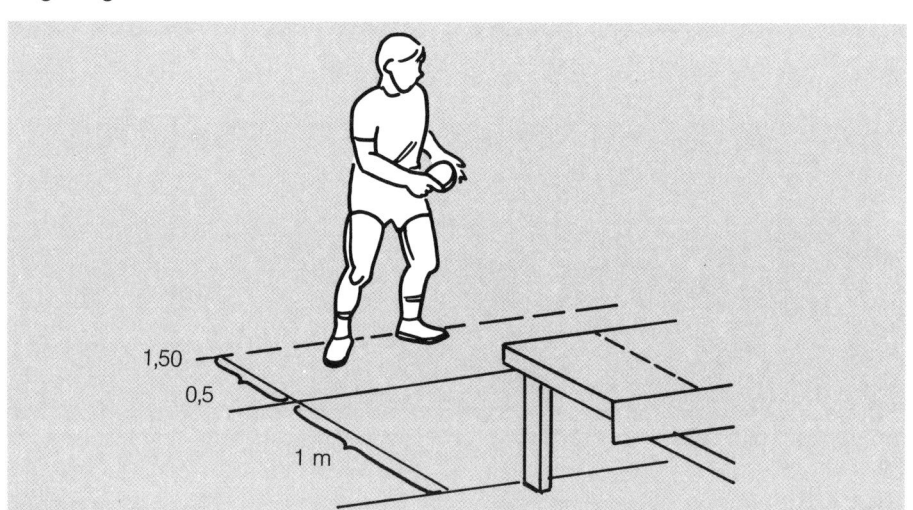

Position am Tisch

Rückhandschupfen

Die einfachste Art, den Tischtennisball über das Netz zu spielen, nennt man Schupfen. Besser würde man noch von »Schieben« reden, denn ähnlich wie ein Schneepflug die Schneemassen vor sich herschiebt, wird beim Schupfen der Ball mit Hilfe des schräg gestellten Schlägerblattes nach vorne geschoben.

Schupfen ist Schieben ohne Vermittlung von Rotation. Dies kommt sowohl auf der Bewegungsskizze als auch der Phasenzeichnung auf der nächsten Seite besonders deutlich zum Ausdruck.

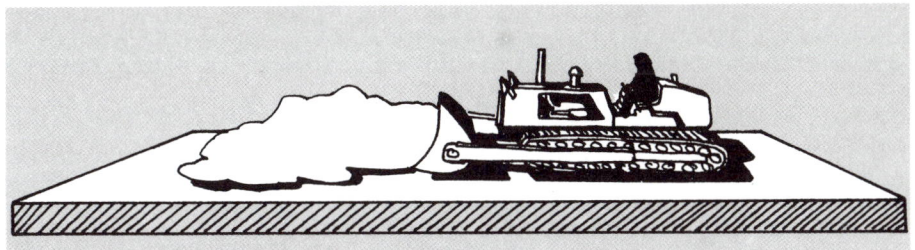

Schupfen heißt Schieben wie ein Schneepflug

Stellung des Schlägerblattes und Balltreffpunkt

Das Schlägerblatt ist leicht geöffnet und bleibt während des gesamten Schlagablaufes fast in der gleichen Schrägstellung, deren Winkel von der Rotation des ankommenden Balles abhängig ist.

Je stärker der Unterschnitt (Rückwärtsrotation) des ankommenden Balles, desto waagerechter die Winkelstellung des Schlägerblattes. Je weniger Unterschnitt, um so senkrechter steht das Schlägerblatt.

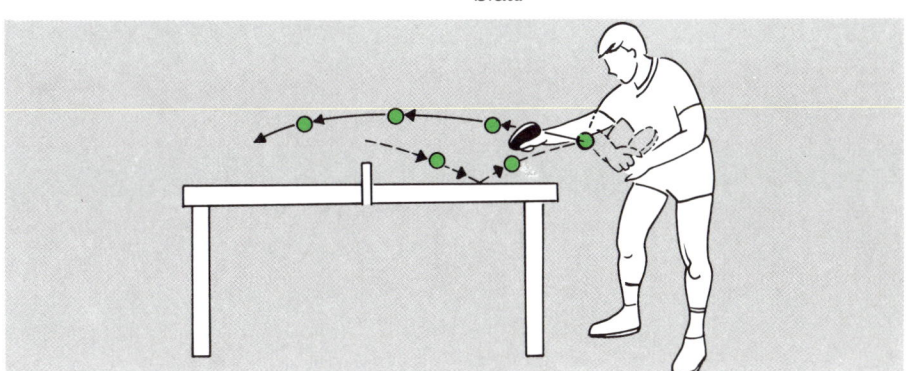

Darstellung der Flugkurven des ankommenden und des zurückgespielten Balles beim Schupfball (leicht geöffnete Stellung des Schlägerblattes)

Bewegungsbeschreibung Rückhandschupfen

Phase 1: Ausholphase
Der Spieler nimmt eine seitliche Stellung zur Grundlinie ein (linker Fuß hinter rechtem Fuß). Dann winkelt er den Unterarm (Winkel zum Oberarm ca. 90 Grad) stark an und führt das Schlägerblatt in leicht offener Stellung zurück bis zur Hüfte bzw. Brust. Bleibt ausreichend Zeit, so sollte immer versucht werden, eine seitlichere Stellung einzunehmen, die eine sicherere Spielweise und eine deutliche Gewichtsverlagerung vom linken auf den vorderen rechten Fuß erlaubt. Unter Zeitdruck bleibt es bei einer paralleleren Beinstellung und nicht so deutlicher Gewichtsverlagerung. Angreifer sind meist bestrebt, den ankommenden Ball in ansteigender Phase oder im höchsten Punkt zu treffen, um das Spiel schnell zu machen. Abwehrspieler nehmen den Ball meistens in der fallenden Phase an.

Phase 2: Schwung- und Treffphase
Nun beginnt das für den Schupfball so charakteristische Nachvorneschieben des Schlägerblattes. Dazu wird die extreme Anwinkelung des Unterarmes aufgelöst. Das bei gleichbleibender Schrägstellung nach vorne gebrachte Schlägerblatt trifft in dieser Phase auch den Ball. Ebenso setzt eine Gewichtsverlagerung ein, die dann in der Ausschwungphase ihren Abschluß findet.

Phase 3: Ausschwungphase
In dieser Phase kommt der Unterarm fast zur Streckung und die Gewichtsverlagerung zu ihrem Ende. Während in Phase 1 etwa $2/3$ des Körpergewichtes auf dem hinteren Fuß lasten und in Phase 2 das Gewicht ziemlich gleichmäßig auf beide Beine verteilt ist, befinden sich in Phase 3 etwa $2/3$ des Körpergewichtes auf dem vorderen rechten Fuß.

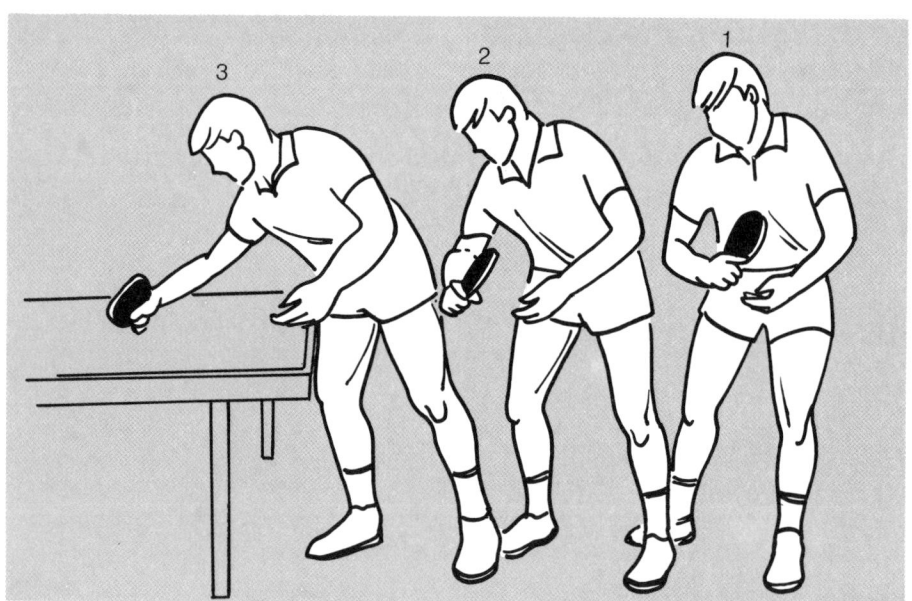

Phasendarstellung Rückhandschupfen

Spezialschlag: Der aggressive Schupfball

Normalerweise ist der Schupfball zu den Sicherheitsschlägen zu rechnen, und Intensität und Geschwindigkeit der Schlagbewegung sind eher gering einzustufen. In den letzten Jahren haben aber einige Angriffsspieler den Rückhandschupfball weiterentwickelt zu einem aggressiven, den Angriff vorbereitenden Schlag. Um möglichst nicht den Bruchteil einer Sekunde zu verlieren, wird der ankommende Ball so früh wie möglich angenommen. Der Arm wird nur so weit angewinkelt, wie es die Zeit erlaubt, dann aber nicht langsam, wie dies für den Schupfball eigentlich normal wäre, sondern ruckartig und mit ziemlicher Vehemenz nach vorne gestreckt. Dabei wird die schnelle Unterarmstreckung noch unterstützt durch ein Nachvorneschnellen des Handgelenks. Kennzeichnendes Merkmal des aggressiven Schupfballes ist, daß die Spitze des Schlägerblattes in der Endphase der Schlagbewegung in Flugrichtung des Balles, also zur gegnerischen Tischhälfte hin zeigt.

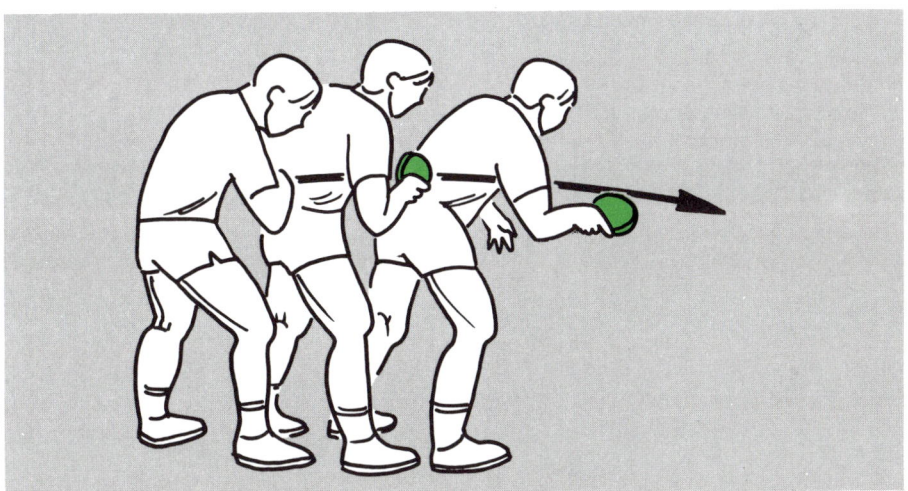

Bewegungsablauf, seitliche Ansicht

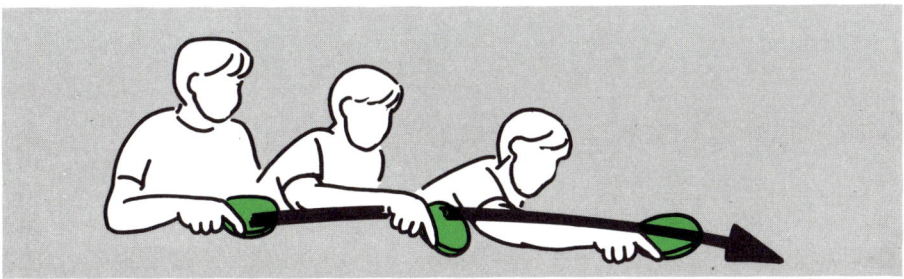

Bewegungsablauf von vorne

Vorhandschupfen

Die kennzeichnenden Merkmale, die für das Rückhandschupfen aufgeführt wurden, gelten selbstverständlich auch für das Vorhandschupfen. Auch dabei wird das Schlägerblatt in eine leicht geöffnete Stellung gebracht und nach vorne geschoben. Während des gesamten Schlagablaufes bleibt das Schlägerblatt in geöffneter Stellung. Die Schrägstellung richtet sich ganz nach der Rotation des ankommenden Balles.

Je stärker der Unterschnitt des ankommenden Balles ist, desto offener muß das Schlägerblatt geführt werden.

Der Ball sollte beim Schupfen nahezu rotationslos auf die andere Plattenseite geschoben werden. Eine minimale Rotation läßt sich aber nie vermeiden. Sobald etwas mehr Unterschnitt in einem Ball ist, sprechen wir von einem »Unterschnittball über dem Tisch«.

Der ankommende Ball kann nun in der aufsteigenden Phase, auf dem höchsten Punkt seiner Flugkurve wie bei unserer Zeichnung unten oder auch in der fallenden Phase getroffen werden.

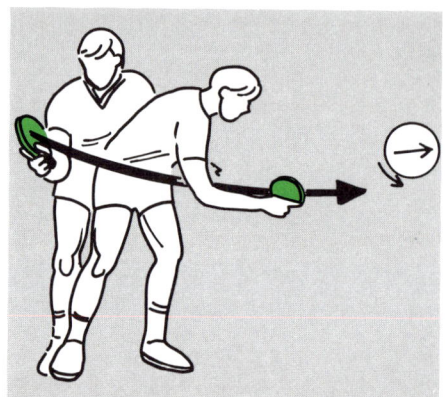

Armbewegung beim Vorhandschupfen

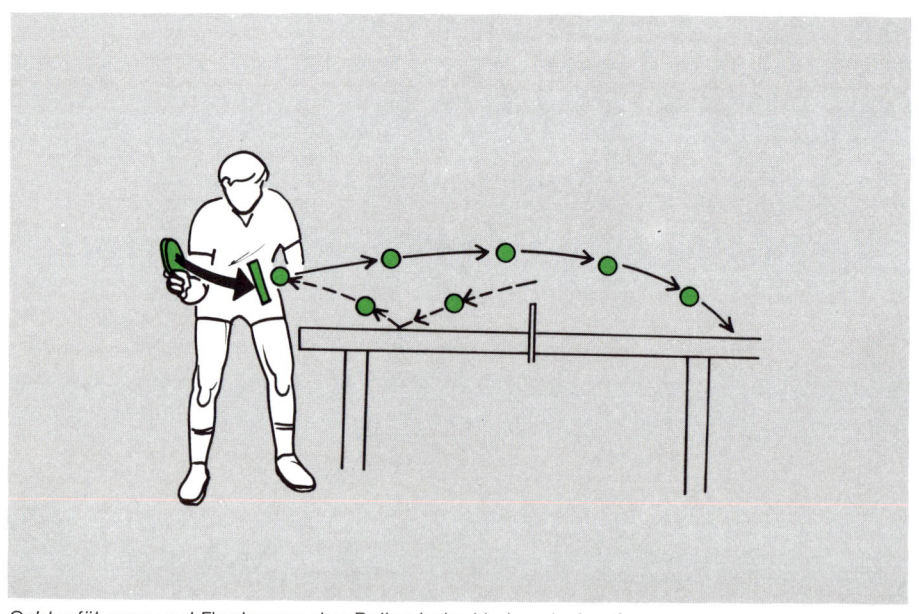

Schlagführung und Flugkurven des Balles beim Vorhandschupfen

Bewegungsbeschreibung Vorhandschupfen

Phase 1: Ausholphase
Der Spieler nimmt zunächst eine leicht seitliche Stellung ein. Je mehr Zeit er für den Return hat, desto seitlicher, und je kürzer die Zeitspanne ist, desto paralleler zur Grundlinie ist die Erwartungsstellung. Der Unterarm wird im Ellbogengelenk angewinkelt (Winkel zwischen Ober- und Unterarm etwa 70 bis 110 Grad) und in Brusthöhe seitlich neben dem Oberkörper zurückgeführt. Der Oberkörper wird bereits in dieser Ausholphase leicht nach vorne gebeugt.
Dies ist deshalb wichtig, weil so der ganze Arm, ohne daß Bauch oder Körper im Wege sind, zum Schlag nach vorne geführt werden kann.
Phase 2: Schwung- und Treffphase
Durch das Vorbeugen des Oberkörpers hat der Arm nun genügend Platz, um gemeinsam mit dem Oberkörper nach vorne zu schwingen. Die Oberkörperdrehung läßt sich am besten erkennen, wenn man die Position der rechten Schulter in den einzelnen Phasen vergleicht. In dieser Phase wird auch der Ball getroffen.
Phase 3: Ausschwungphase
Oberkörperdrehung und Armschwung finden in dieser Phase ihr Ende. Während in der Ausholphase noch die linke Schulter dem Gegner zugewandt war, nimmt in der Ausschwungphase die Schulterlinie eine fast parallele Stellung zur Grundlinie ein. Der größte Teil des Körpergewichtes, der in Phase 1 noch auf dem hinteren rechten Fuß lag, hat sich nun auf den vorderen linken Fuß verlagert. Diese extreme Gewichtsverlagerung wird aber nur bei genügend Zeit ausgeführt.

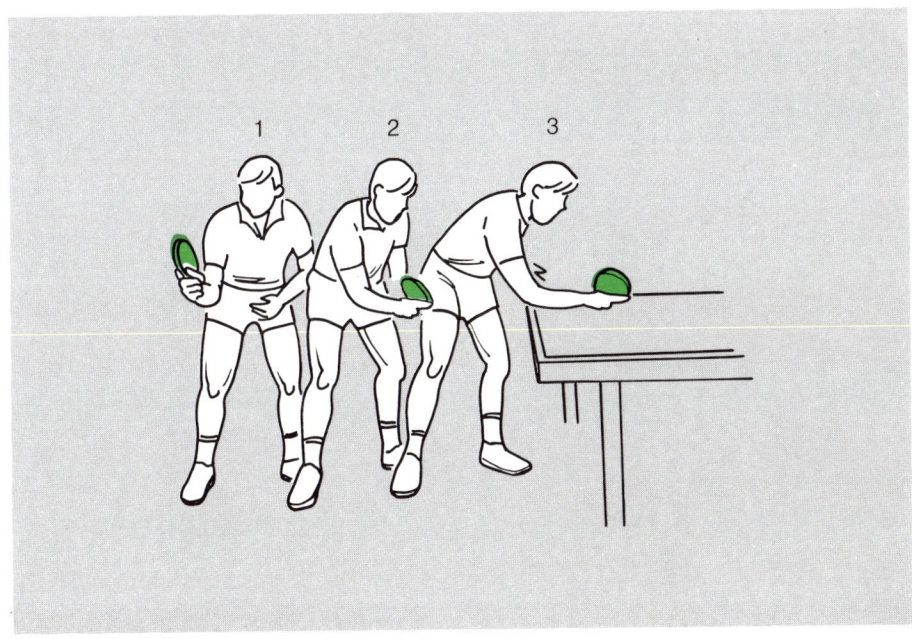

Bewegungsablauf beim Vorhandschupfball

Unterschnittverteidigung

Die solide Beherrschung des Vorhand- und Rückhandunterschnittschlages ist Grundvoraussetzung für einen Verteidigungsspieler. Während es beim Schupfen darum ging, den Ball einfach über das Netz zu schieben, geht es beim Unterschneiden darum, dem Ball eine Rückwärtsrotation mitzugeben (Rotation um die eigene horizontale Achse). *Schneiden bedeutet, den Ball in Rückwärtsrotation zu versetzen (Rückwärtsdrall).* Der Ball soll also nicht voll getroffen werden, der Schlagimpuls soll nicht auf das Ballzentrum gerichtet sein, sondern der Ball soll »aktiv gestreichelt« (tangential getroffen) werden (Abb. unten).

Der Schlagimpuls ist von oben nach unten vorne gerichtet und entsteht in erster Linie durch Streckung des Armes im Ellbogengelenk.

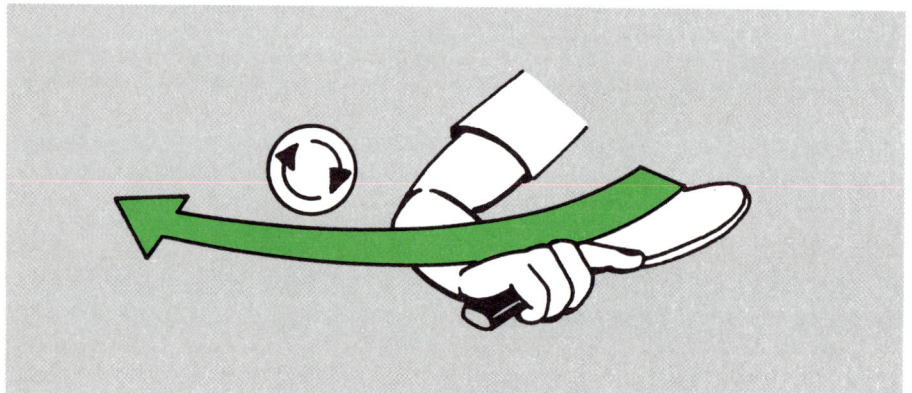

Bewegungsablauf bei der Unterschnittverteidigung

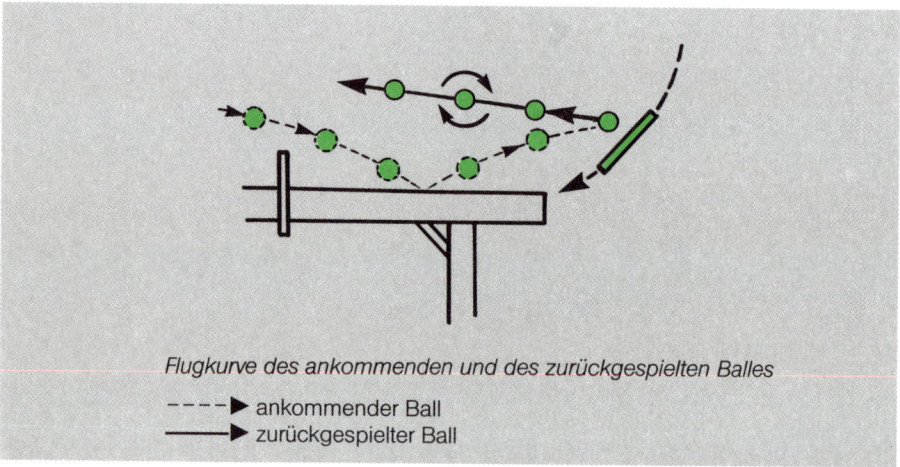

Flugkurve des ankommenden und des zurückgespielten Balles

- - - -▶ ankommender Ball
———▶ zurückgespielter Ball

Bewegung des Schlägers

Stellung des Schlägerblattes und Schlagrichtung

Die Stellung des Schlägerblattes und die Bewegungsrichtung des Schlagimpulses hängen von vielen Faktoren ab:
- Tempo des ankommenden Balles
- Plazierung des ankommenden Balles
- Rotation des ankommenden Balles
- Balltreffpunkt (am Tisch oder weiter entfernt, steigende oder fallende Phase der Flugkurve)
- eigene technische und körperliche Fähigkeiten

Berücksichtigt man die beiden wichtigsten Faktoren, nämlich Rotation und Geschwindigkeit des ankommenden Balles, dann läßt sich folgende Faustregel aufstellen:

Je geringer die Vorwärtsrotation und die Geschwindigkeit des ankommenden Balles, desto offener ist das Schlägerblatt und desto waagerechter (horizontaler) die Schlagführung (Skizzen A). Je stärker die Vorwärtsrotation und je höher die Geschwindigkeit des ankommenden Balles, desto senkrechter ist das Schlägerblatt zu halten und der Schlag auszuführen (Skizzen B). Dies sind die beiden extremen Schlagausführungen. Dazwischen bewegen sich alle anderen, die man auch als Normal- oder Grundschlag bezeichnen könnte (Skizze C).

Geschwindigkeit und Plazierung bestimmen die Zeitspanne, die dem Rückschläger bleibt. Die Wichtigkeit des Zeitfaktors ist im modernen Tischtennis gar nicht hoch genug einzuschätzen. Deshalb soll bei der Unterschnittverteidigung gerade diesem Faktor mehr Aufmerksamkeit geschenkt werden, und die Schläge werden mit und ohne Zeitdruck gezeigt.

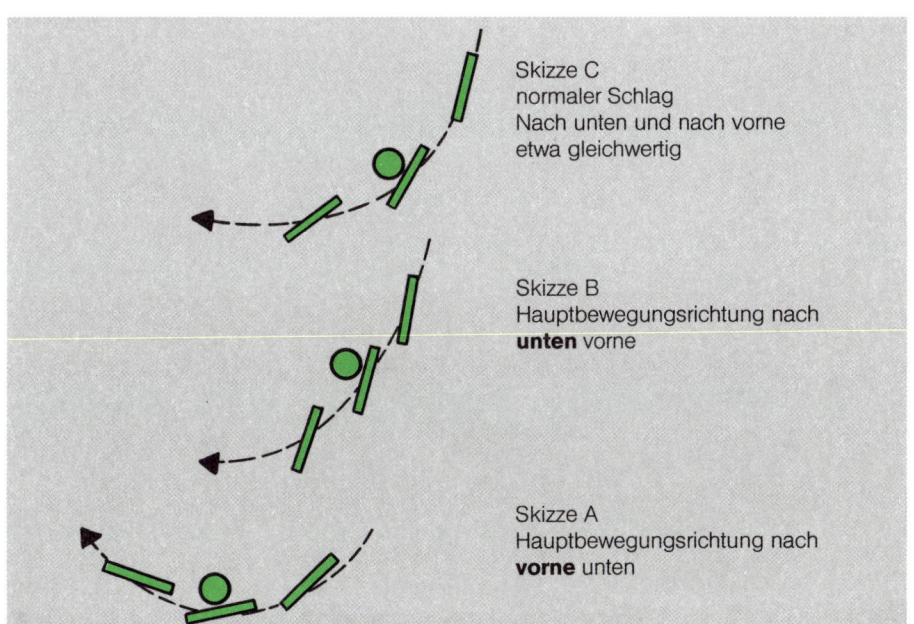

Skizze C
normaler Schlag
Nach unten und nach vorne etwa gleichwertig

Skizze B
Hauptbewegungsrichtung nach **unten** vorne

Skizze A
Hauptbewegungsrichtung nach **vorne** unten

Schematische Darstellung verschiedener Schlägerblattstellungen

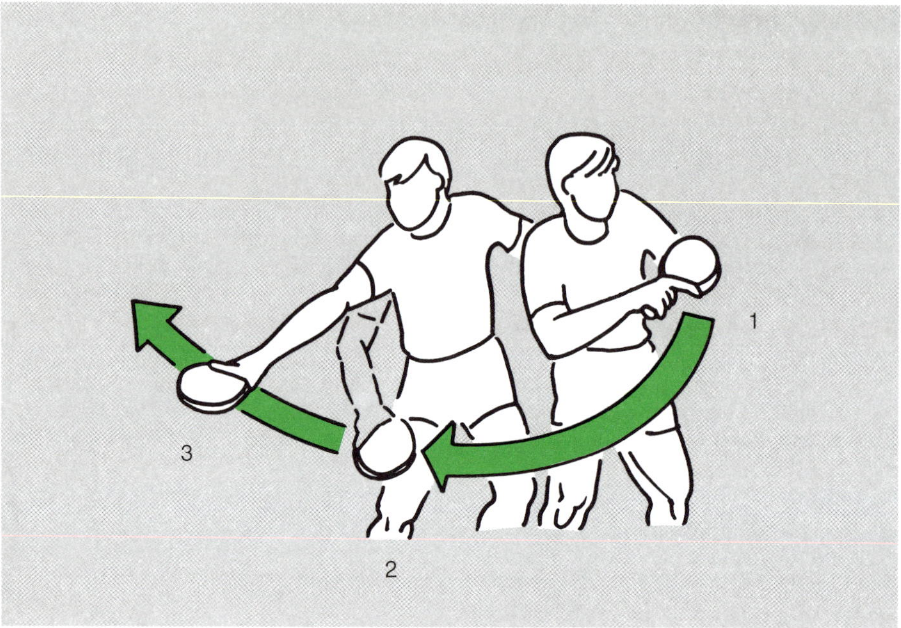

Skizze A: Rückhandunterschnitt bei langsam ankommendem Ball mit geringer Vorwärtsrotation

Skizze B: Rückhandunterschnitt bei schnell und/oder mit viel Rotation ankommendem Ball

Rückhandunterschnitt

Rückhandunterschnitt ohne Zeitdruck

Steht wenig Zeit zur Verfügung, so kommt der Unterschnittschlag fast ausschließlich durch die Streckung des Unterarmes im Ellbogengelenk zustande. Je mehr Zeit bleibt, desto mehr arbeitet der gesamte Körper mit, auch Gewichtsverlagerungen sind möglich.

Wenn wir einmal von einem Schlag mit gemäßigtem Tempo ausgehen, so bleibt bei Annahme in Tischnähe wenig Zeit. Je größer die Entfernung zum Tisch ist, desto länger die Zeitspanne, die dem Spieler bleibt. Deshalb wird jede Schlagart bei Ausführung in Tischnähe, in mittlerer Distanz und in großer Distanz gezeigt.

Ausführung in Tischnähe

Der Spieler erwartet den ankommenden Ball (Erwartungsphase) in paralleler Stellung zum Tisch. Sobald er erkennt, daß der Ball in seine Rückhandseite kommt, nimmt er eine seitliche Stellung ein (linker Fuß hinter rechtem Fuß). Gleichzeitig winkelt er den Arm an, so daß der Schläger vor der linken Schulter ist (Ausholphase). Durch Strecken des Unterarmes schiebt er das Schlägerblatt unter den Ball, um diesem die gewünschte Rückwärtsrotation (Unterschnitt) zu geben. Eine Gewichtsverlagerung findet nur ansatzweise statt.

Erwartungsphase

Ausholphase, extrem angewinkelter Unterarm

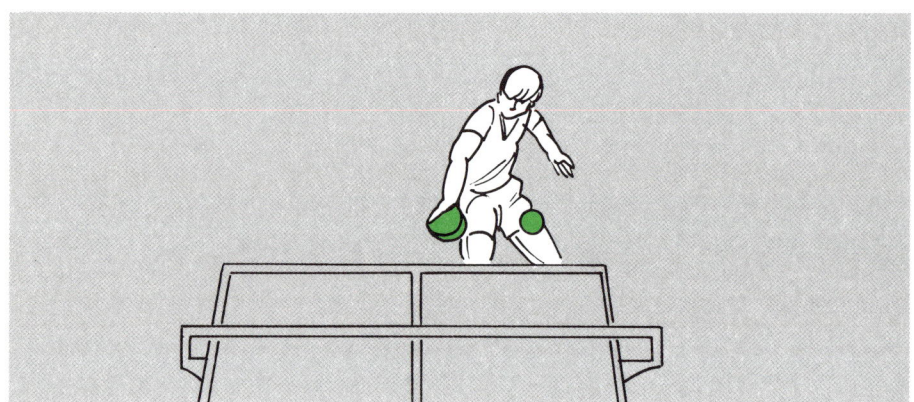

Schlagphase, Streckung des Unterarms

Ausschwungphase, vollkommen gestreckter Arm

Ausführung in mittlerer Distanz zum Tisch

In mittlerer Distanz zum Tisch fällt die seitliche Stellung noch extremer aus, dafür ist die Armbewegung nicht ganz so stark wie in Tischnähe. Von Phase 1 bis zu Phase 4 (Abb. unten) findet eine deutliche Gewichtsverlagerung vom hinteren auf den vorderen Fuß statt.

Bewegungsablauf bei mittlerer Distanz zum Tisch

Ausführung in großer Distanz zum Tisch

Je weiter der Rückschläger vom Tisch entfernt steht, um so mehr Zeit hat er, sich in eine gute Position zu bringen. In diesem Falle findet eine extreme Gewichtsverlagerung auf den rechten vorderen Fuß statt. Die Ausholbewegung setzt bei dieser Distanz etwa in Höhe der Brust oder des Oberkörpers ein. Die weniger intensive Armbewegung kann man durch ein Mehr an Körperarbeit ausgleichen.

Gewichtsverlagerung bei großer Distanz zum Tisch aus seitlichem Blickwinkel

Rückhandunterschnitt unter Zeitdruck

Die Bewegungsrichtung des Schlagarmes ist um so senkrechter nach unten gerichtet, je stärker Spin und Tempo des ankommenden Balles sind. Der Abwehrspieler sieht sich also zwei wesentlichen Problemen gegenüber, die er in allerkürzester Zeit lösen muß.

Zunächst einmal muß er Tempo und Rotation des ankommenden Balles richtig einschätzen und Schlägerblatt sowie Schlagrichtung entsprechend einstellen.

Darüberhinaus muß er sich in eine möglichst optimale Schlagposition bringen. Je besser ein Spieler durchtrainiert ist, um so schneller kann er die erforderliche Position einnehmen und um so mehr Zeit hat er für die Schlagausführung selbst. Der bessere Spieler kann also in der gleichen Zeit einen längeren und körperbetonteren Schlag durchführen als der nicht so gut trainierte.

Hohe Ballannahme in Tischnähe und in Distanz zum Tisch

Einen schnellen Topspinball in Tischnähe mit Unterschnitt anzunehmen ist ausgesprochen schwierig. Meist ist man gezwungen, den Ball an einem hohen Punkt seiner Flugkurve anzunehmen. Dies ist bei sehr schnellen oder überraschend gespielten Bällen auch in Distanz zum Tisch erforderlich.

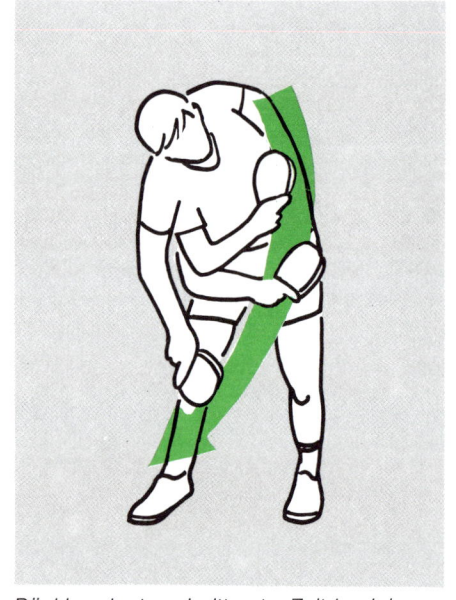

Rückhandunterschnitt unter Zeitdruck in Tischnähe

Deshalb sollte der Abwehrspieler sich auf die Zehenspitzen stellen und versuchen, den Oberkörper ziemlich weit nach vorne zu beugen. Das Schlägerblatt wird ungefähr in Brusthöhe zurückgeführt. Dann läßt man den Ball möglichst nahe an den Körper herankommen. Während sich nun der Oberkörper wieder nach oben streckt, wird das Schlägerblatt etwas seitlich neben dem Körper fast senkrecht nach unten bis zum rechten Knie geführt. Auf diese Weise kann man mit jedem noch so scharf geschlagenen Topspin oder Endschlag fertig werden, ganz gleich ob in Tischnähe oder in Distanz zum Tisch.

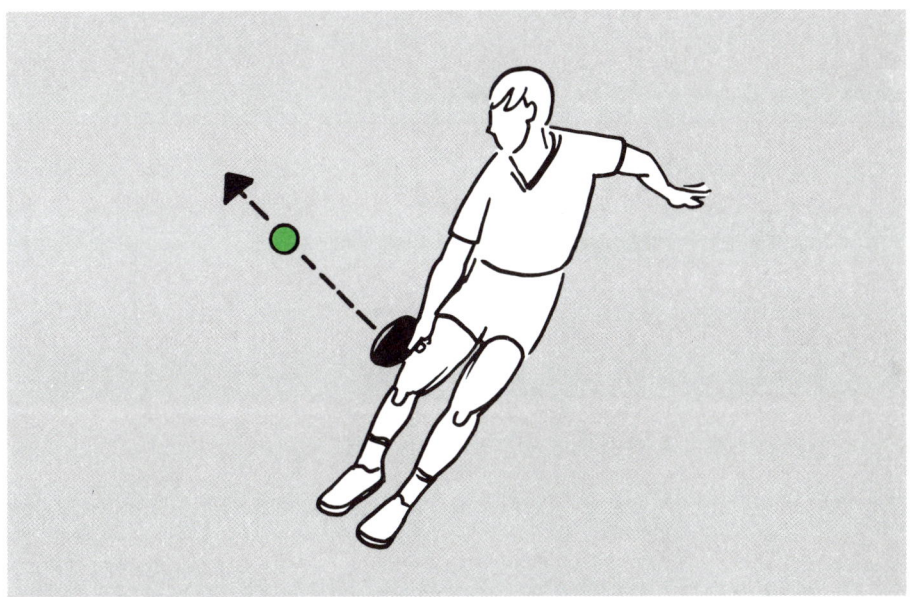

Rückhandunterschnitt unter Zeitdruck in Distanz zum Tisch

Mittlere Distanz zum Tisch

In den meisten Fällen bleibt selbst bei mittlerer Distanz zum Tisch für den Return von sehr schnellen Bällen kaum Zeit für lange Bewegungen.

In Phase 1 wird der Ball erwartet. In Phase 2 der Körper in die richtige Position gebracht und der Schläger etwa in Brusthöhe an den Körper geführt, um dann in Phase 3 mit einer kurzen, intensiven Unterarmbewegung den Ball zurückzuspielen. Gewichtsverlagerungen sind kaum möglich.

Bewegungsablauf Rückhandunterschnitt bei wenig Zeit

Tiefe Ballannahme in Distanz zum Tisch

Bei tiefer Ballannahme verlagert sich das Körpergewicht fast vollständig auf den linken Fuß, indem eine extreme Grätschstellung eingenommen wird (Ausfallschritt).

Gewichtsverlagerung auf den linken Fuß

Ausfallschritt schräg nach hinten

Die Bewegungsrichtung des Ausfallschrittes richtet sich ganz nach Plazierung und Stärke der Seitenrotation des ankommenden Balles.
Bei nur mäßiger Seitenrotation und einer Plazierung wie auf der Skizze, nämlich etwa in Verlängerung der Tischseitenlinie, wird der Ausfallschritt schräg nach hinten ausgeführt.

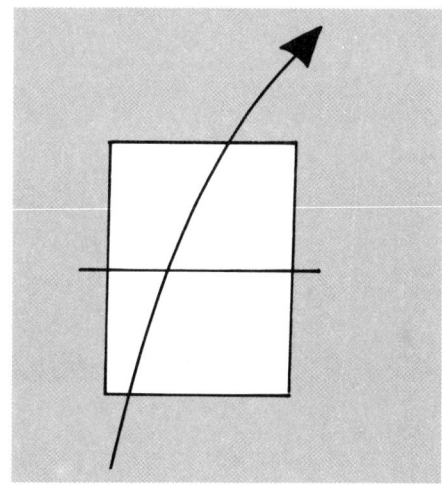

Plazierung in die Verlängerung der Tischseitenlinie

Ausfallschritt zur Seite

Bei extremer Seitenrotation und/oder extremer Plazierung des ankommenden Balles in die Rückhandseite (siehe Skizze unten), muß der Ausfallschritt seitlich parallel zum Verlauf der Grundlinie des Tisches erfolgen.
Wenn möglich, sollte selbst aus dieser extremen Position noch eine Verlagerung des Gewichtes vom linken auf den vorderen rechten Fuß erfolgen.

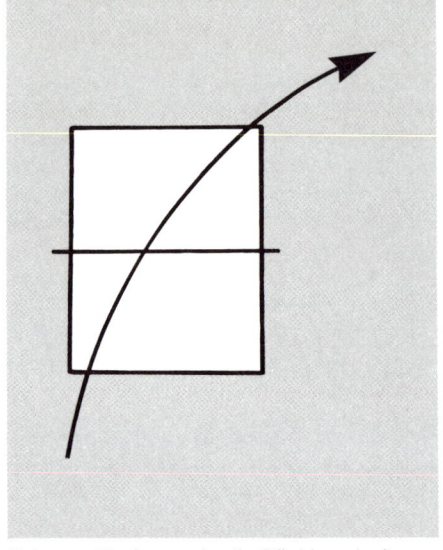

Extreme Plazierung in die Rückhandseite

Ausfallschritt, parallel zur Grundlinie des Tisches

Vorhandunterschnitt

Auch beim Vorhandunterschnittschlag soll der Zeitfaktor berücksichtigt werden. Deshalb auch hier wieder zwei unterschiedliche Anwendungen des Vorhandunterschnittschlages, nämlich mit und ohne Zeitdruck. Außerdem wird die Ballannahme am Tisch und in Distanz zum Tisch beschrieben.

Vorhandunterschnitt ohne Zeitdruck

Annahme in Tischnähe

Der Bewegungsablauf beim Vorhandschneiden am Tisch ist dem des Vorhandschupfens sehr ähnlich. In der Ausholphase wird eine leicht seitliche Stellung zur Grundlinie des Tisches eingenommen (rechter Fuß etwas hinter dem linken Fuß). Der Oberkörper ist leicht nach vorne gebeugt und bildet mit dem Oberarm einen Winkel von ca. 45 Grad. Das Schlägerblatt befindet sich in dieser Ausholphase in Brust- bis Schulterhöhe. Anschließend setzt die nach links gerichtete Rotationsbewegung des Oberkörpers ein. Ober- und Unterarm werden dadurch von alleine nach vorne gebracht.

Während beim Schupfen der Ball lediglich nach vorne geschoben wurde, wird beim Schneiden das Schlägerblatt unter den Ball geführt, um ihm durch eine zusätzliche Handgelenksbewegung, unterstützt durch den Unterarm, die gewünschte Rückwärtsrotation zu vermitteln. Hat man genügend Zeit, findet auch hier eine deutliche Gewichtsverlagerung vom hinteren rechten auf den vorderen linken Fuß statt.

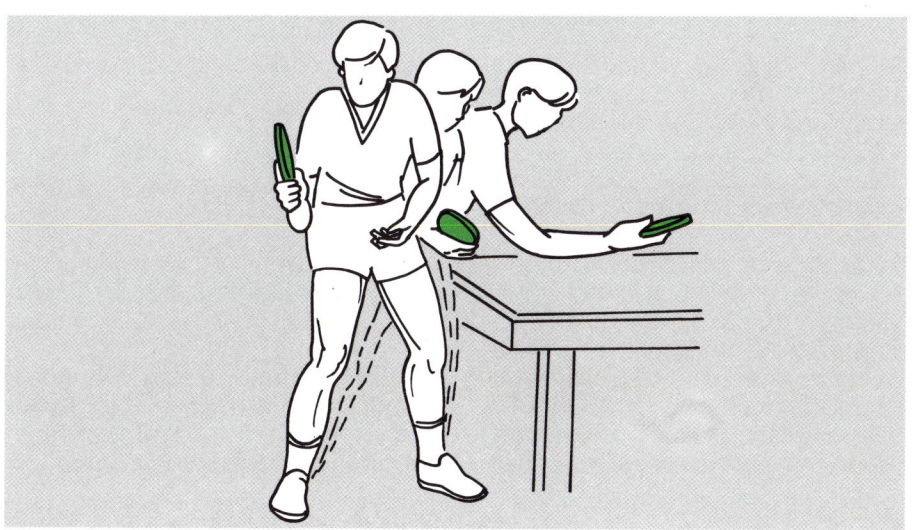

Bewegungsablauf beim Vorhandunterschnitt am Tisch

Annahme in Distanz zum Tisch

Wird ein nicht allzu schneller Ball, der auch nicht übermäßig viel Spin (Vorwärtsrotation) hat, in einiger Entfernung zum Tisch angenommen, so bleibt noch weit mehr Zeit zur Schlagausführung als in Tischnähe. Um so deutlicher kann sowohl die gesamte Körperarbeit als auch die Gewichtsverlagerung vom hinteren rechten auf den vorderen linken Fuß ausfallen.

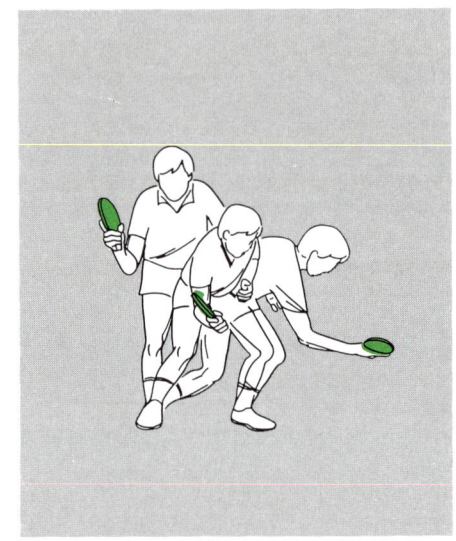

Aushol-, Schlag- und Ausschwungphase aus seitlicher Sicht

Vorhandunterschnitt unter Zeitdruck

Für den Vorhandunterschnitt gelten die gleichen Kriterien wie für den Rückhandunterschnitt unter Zeitdruck. Je schneller der ankommende Ball ist und je mehr Vorwärtsrotation er hat, desto steiler nach unten ist auch die Schlagbewegung auszuführen.

Annahme am Tisch oder in Tischnähe

Das Schlägerblatt wird in der Ausholphase zunächst etwa in Schulterhöhe hinter den Körper geführt. Schläger und Schlagarm bilden die Verlängerung der Schulterlinie. Je weiter der Spieler vom Tisch entfernt ist, um so seitlicher ist seine Beinstellung, je näher er am Tisch steht, desto paralleler ist sie. In diesem Falle wird die weniger seitliche Stellung ausgeglichen durch eine stärkere Rückdrehung des Oberkörpers in der Ausholphase.

Als Faustregel mag gelten, daß in der Ausholphase die linke Schulter dorthin zeigen soll, wohin der Ball plaziert werden soll.
Wie Sie Treffphase und Ausschwungphase entnehmen können, ist unter starker Zeitbedrängnis eine Gewichtsverlagerung nicht mehr möglich. Das Gewicht lastet in der Balltreffphase zum größten Teil auf dem rechten Fuß.

Ausholphase

Schlagphase

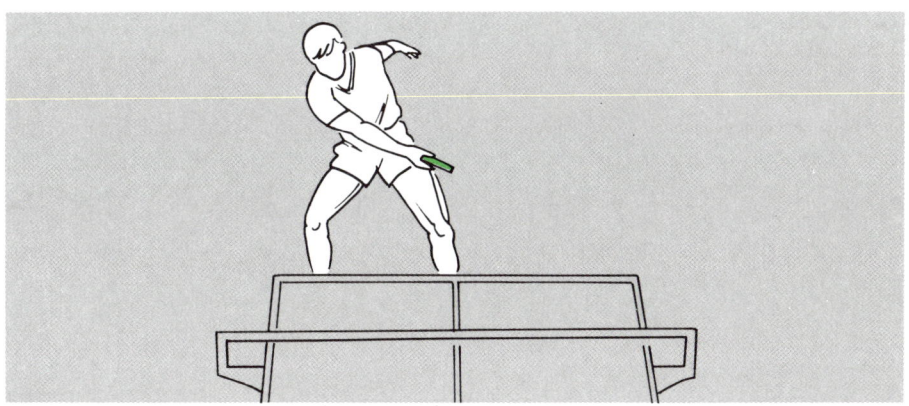
Ausschwungphase

Mittlere bis große Distanz zum Tisch

Je weiter hinter dem Tisch der Ball angenommen wird, desto tiefer liegt auch für gewöhnlich der Balltreffpunkt. Bei nebenstehender Bewegungsskizze ist dies etwa in Kniehöhe der Fall. Ähnlich wie bei der Rückhand ist auch eine hohe Ballannahme möglich, sie kommt jedoch auf der Vorhandseite relativ selten vor.

Der ankommende Ball kann aber auch so extrem plaziert worden sein, daß eine Annahme nur seitlich des Tisches möglich ist. In diesem Falle wird die Technik des Ausfallschrittes angewandt. Häufig bietet diese Grätschstellung die einzige Möglichkeit, an den Ball zu kommen. Bei einem extremen Ausfallschritt wird das gesamte Körpergewicht auf den rechten hinteren Fuß verlagert. Das Schlägerblatt wird von Schulterhöhe bis fast auf den Fußboden geführt.

Vorhandunterschnitt bei mittlerer Distanz zum Tisch

Tiefe Ballannahme beim Vorhandunterschnitt und extremer Ballplazierung

Stoppball

Der Stopp ist hier eingeordnet in die Reihe der Schläge mit Bewegungsimpuls nach vorne unten, also der Abwehrschläge. Vom Bewegungsablauf her ist er dem Schupfschlag sehr ähnlich.

Dennoch ist er nicht dem Schlagrepertoire des Verteidigungsspielers, sondern dem des Angriffsspielers zuzurechnen.

Der Stopp wird hauptsächlich gegen Abwehrspieler angewandt, um entweder direkt einen Punkt zu erzielen oder aber um den Gegner aus dem Spielrhythmus zu bringen.

Stopp bedeutet fast passives Abtropfenlassen. Das Ziel des Stoppballes ist es ja, den ankommenden Ball so anzunehmen, daß er auf der gegnerischen Tischhälfte in Netznähe mehrmals aufspringt, bevor der Gegner an den Ball kommen kann. Deshalb muß man auf den »richtigen Ball« warten, der erfolgversprechend als Stopp gespielt werden kann.

Grundregel: Ein Stopp sollte nur dann gespielt werden, wenn der ankommende Ball hinter dem Netz aufspringt. Einen Stoppball spielen heißt also, aus der eigenen Netzzone in die gegnerische Netzzone spielen.

Die Ballannahme sollte unmittelbar nach dem Aufspringen in der steigenden Phase erfolgen, man muß also rechtzeitig erkennen, wo der ankommende Ball auf-

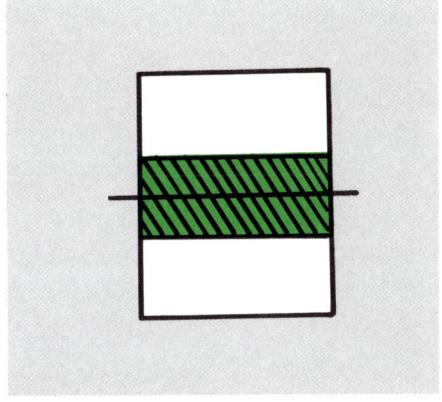

Auftreff-/Plazierungsszene beim Stoppball

springen wird, und dort schon den Ball mit dem in richtiger Winkelstellung postierten Schlägerblatt zu erwarten. Dies erfordert viel Übung.

Faustregel: *Je mehr Unterschnitt der ankommende Ball hat, desto geöffneter muß auch das Schlägerblatt sein.*

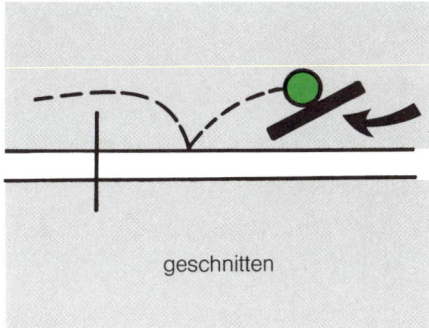

geschnitten

Stoppball auf einen stark geschnittenen Ball (offenes Schlägerblatt)

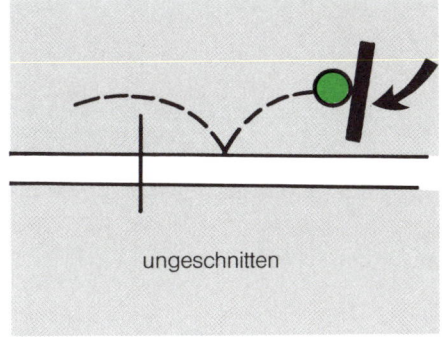

ungeschnitten

Stoppball auf einen ungeschnittenen Ball (fast senkrechtes Schlägerblatt)

Vorhandstopp

In dem Moment, wenn der Spieler erkennt, daß der nächste Ball in seiner Netzzone aufspringen wird und er einen Stoppball anbringen kann, macht er mit dem rechten Fuß einen Schritt nach vorne (Step in). Je kleiner der Spieler und je kürzer der Ball gespielt ist, desto weiter wird der Fuß unter die Tischplatte gesetzt.

Der Oberkörper wird nach vorne gebeugt und das Handgelenk nach rechts außen geklappt, um das Schlägerblatt in der erforderlichen Weise öffnen zu können. Bei der abgebildeten Szene des Vorhandstoppballes handelt es sich um einen Ball mit Unterschnitt, denn das Schlägerblatt wurde ziemlich weit geöffnet.

Der Arm muß deshalb gestreckt werden, weil der Spieler nur so an einen Ball in Netzzone herankommt. Die eigentliche Schlagbewegung, der entscheidende Impuls, wird in erster Linie durch die Step-in-Bewegung erzielt. Das Schlägerblatt soll ganz sanft und behutsam an den Ball, möglichst in seiner aufsteigenden Phase, herangeführt werden.

Schritt nach vorne unter die Tischplatte

Oberkörperbeugung und Drehung des Handgelenks

Rückhandstopp

Auch beim Rückhandstoppball erfolgt eine Step-in-Bewegung, hier mit dem rechten Fuß. Die Schlagausführung, also der wesentliche Bewegungsimpuls, erfolgt aber im Gegensatz zum Vorhandstopp durch die Streckung des Armes im Ellbogengelenk.

Bei unserer Abbildung handelt es sich um einen Ball mit wenig Unterschnitt, denn das Schlägerblatt wird ziemlich senkrecht aufgestellt und ganz sanft an den Balltreffpunkt herangeführt. Der Ball wird auch beim Rückhandstopp in der aufsteigenden Phase getroffen.

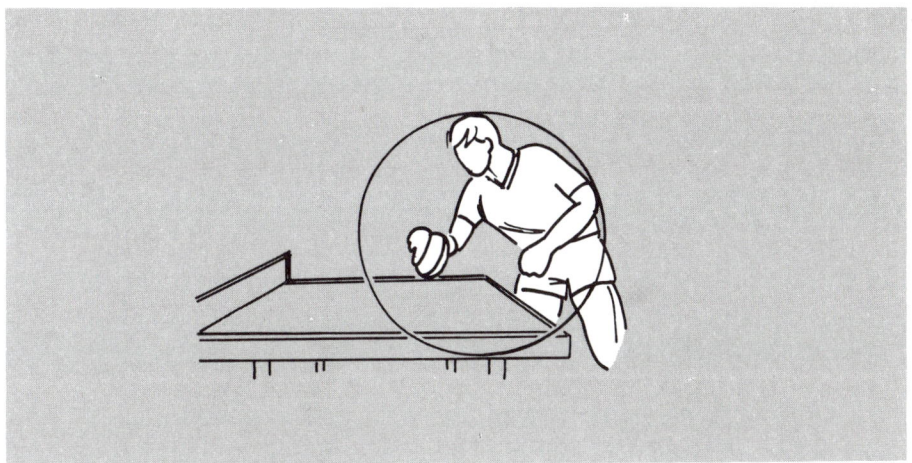

Schritt nach vorne unter die Tischplatte

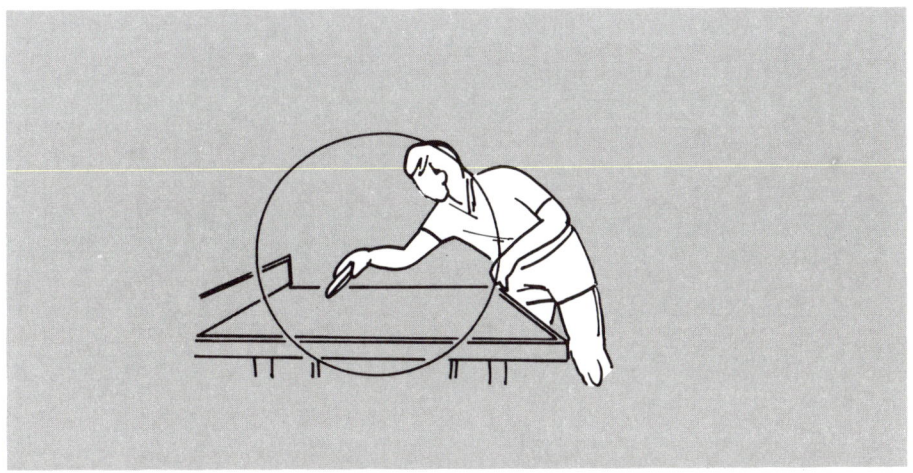

Oberkörperbeugung und Streckung des Armes im Ellbogengelenk

Der Aufschlag

Bei der Vorstellung der Schlagarten wurden 3 Hauptbewegungsrichtungen vorgestellt, nämlich aufwärts, vorwärts und abwärts. Die vierte Bewegungsrichtung seitwärts wurde jeweils innerhalb der drei Grundformen mitbehandelt. Bei den Aufschlägen ist diese Vorgehensweise aber nicht angebracht, da hier die Seitwärtsbewegung die wichtigste Bewegungskomponente überhaupt ist.

Die vier Bewegungsrichtungen beim Aufschlagspiel

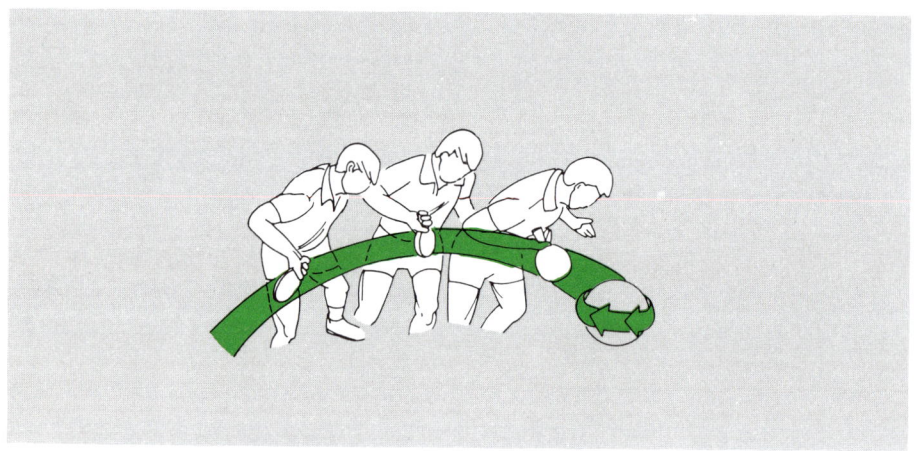

Bewegungsrichtung seitwärts

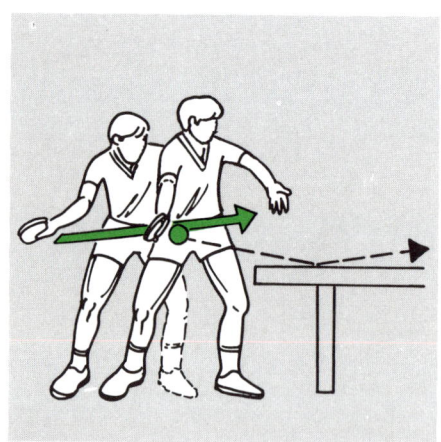

Bewegungsrichtung vorwärts

Bewegungsrichtung abwärts

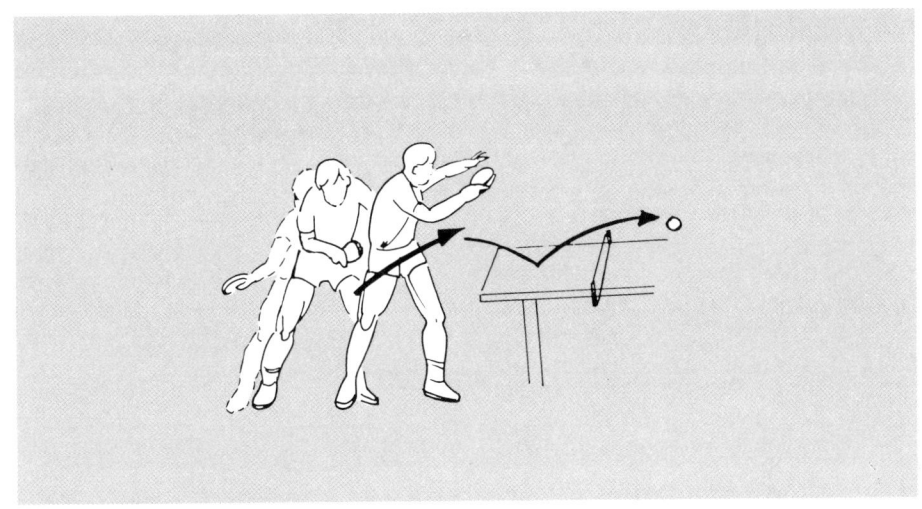

Bewegungsrichtung aufwärts

Die Feinheiten des Aufschlagspiels

Früher diente der Aufschlag lediglich dazu, den Ball ins Spiel zu bringen. Heutzutage ist der Aufschlag zur wichtigsten Schlagart geworden, denn der Aufschlag eröffnet ja das Spiel, und ähnlich wie beim Schach kann auch beim Tischtennis eine schlechte Eröffnung kaum mehr gut gemacht werden.

Bei den Aufschlägen gibt es unzählige Variationsmöglichkeiten. Die Variationen liegen etwa in der Rotationsrichtung, der Stärke des Effets, der Plazierung oder der Länge des Aufschlags.

Die Stärke der Rotation wird in erster Linie durch kurze Impulse des Handgelenks erreicht, aber auch ein höher geworfener Ball kann die Effetstärke erhöhen. Doch neben die tatsächliche Ausführungsqualität des Aufschlags (Stärke der Rotation) tritt ein noch wesentlicherer Faktor. Das Aufschlagspiel lebt vom gekonnten Täuschungsmanöver, von überraschenden Varianten.

Neben der guten technischen Ausführung zeichnen den guten Aufschläger also in erster Linie schauspielerische Qualitäten aus. Er muß seinem Gegner falsche Informationen übermitteln, um ihn an der Nase herumzuführen. Gibt unser Spieler tatsächlich viel Drall bei einem Aufschlag, so sollte dies meist locker und leicht aussehen, gibt er hingegen wenig Drall, dann sollte man ihm die vorgetäuschte Anstrengung aus dem Gesicht ablesen können.

Aus diesen Gründen kann das Aufschlagspiel und das dazugehörige Täuschungsmanöver gar nicht oft genug geübt werden.

Vorhandrollaufschlag

Beim Vorhandrollaufschlag wird zunächst einmal eine seitliche Position zur Grundlinie des Tisches eingenommen (Phase 1). Die Füße stehen etwa schulterbreit auseinander. Während der hochgeworfene Ball seinen höchsten Punkt erreicht hat und wieder nach unten fällt, ist der Schlagarm bereits zum Ausholen nach hinten geführt worden (Phase 2). Mit der nun folgenden Vorwärtsbewegung wird das Schlägerblatt über den Ball geführt, es fährt dem Ball über den Scheitel.

Da das Ziel des Rollaufschlages ein möglichst schneller und flach über das Netz gehender Ball ist, sollte der Ball auf der eigenen Plattenhälfte in der Nähe der Grundlinie aufspringen, da dann die Flugkurve sehr flach verläuft. Die Schlagrichtung ist stark nach oben *vorne* gerichtet. In dem Falle, daß die Bewegung nach oben stärker betont wird, erhält man einen Rollaufschlag mit leichtem Topspincharakter.

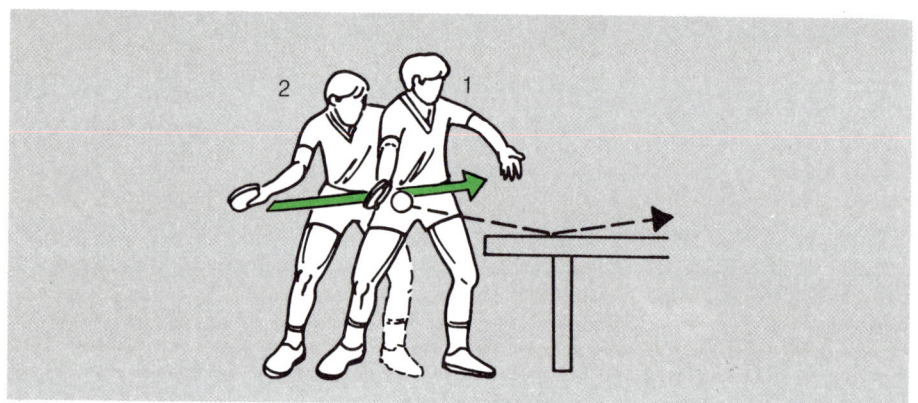

Vorhandrollaufschlag

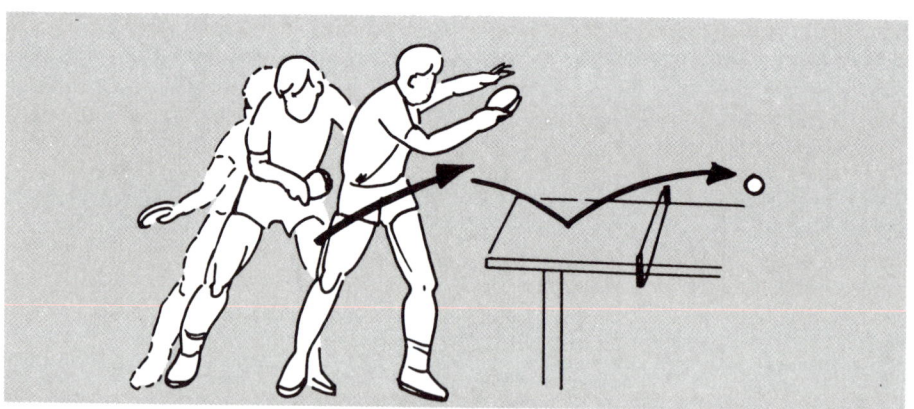

Vorhandrollaufschlag mit leichtem Topspincharakter

Rückhandrollaufschlag

Alle Kriterien des Vorhandrollaufschlages treffen auch für den Rückhandrollaufschlag zu. Die Beinstellung ist seitlich zur Grundlinie (rechter Fuß vor dem linken Fuß), jedoch nicht so stark ausgeprägt. Beim Hochwerfen des Balles wird die Schlaghand bis etwa zum Bauchnabel zurückgeführt (1). Anschließend wird der Oberarm leicht nach vorne gebracht (2) und der Arm im Ellbogengelenk gestreckt (3). Diese Bewegung wird noch unterstützt durch ein Nachaußenklappen des Handgelenks (4). Auch eine Gewichtsverlagerung auf den rechten vorderen Fuß kann die Gesamtbewegung noch abrunden.

Unabdingbare Voraussetzung für einen schnellen, flach über das Netz gehenden Aufschlag ist auch bei der Rückhand, daß der Ball nahe der eigenen Grundlinie zum erstenmal aufspringt und die Bewegungskurve des Schlägerblattes (dunkler Pfeil auf der Abbildung) sich nicht allzu hoch über Tischniveau befindet.

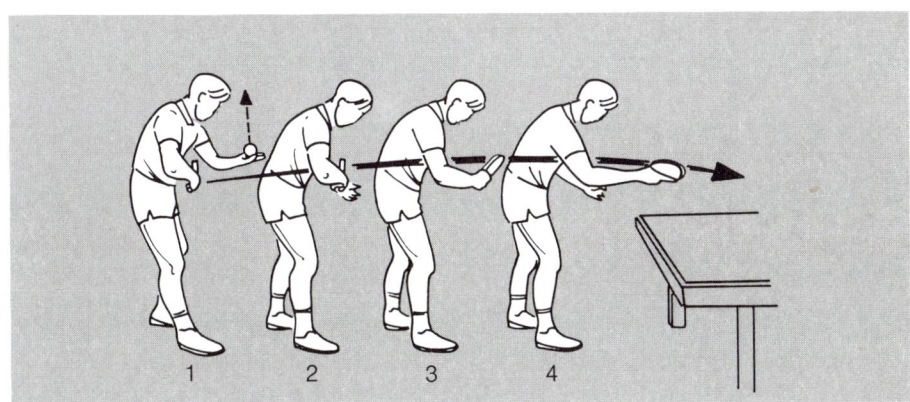

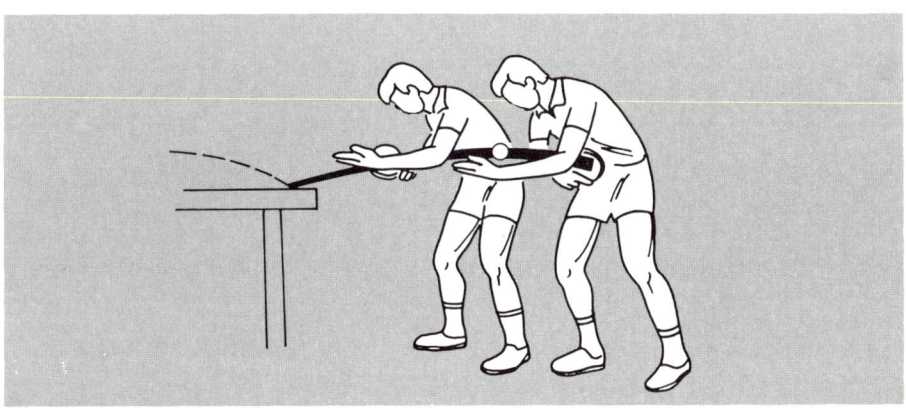

Rückhandrollaufschlag aus seitlicher Sicht

Vorhandunterschnittaufschlag

Es ist möglich, den Vorhandunterschnittaufschlag mit mehr oder weniger Unterschnitt (Rückwärtsrotation) auszuführen. Bei der schnittlosen Variante wird das Schlägerblatt nach der Ballberührung bis unter Tischniveau geführt, während bei der Variante mit Schnitt die Bewegung nach der Ballberührung fast abrupt endet. Durch diese ruckartige Bremsbewegung des Ober- und Unterarmes, die bereits kurz vor der Ballberührung einsetzt und nach der Berührung sofort endet, bekommt der Ball, der mit offenem Schlägerblatt getroffen wird, seine Rückwärtsrotation. Diese kann durch eine ruckartige Handgelenksbewegung noch verstärkt werden.

Bei beiden Varianten wird zunächst eine seitliche Stellung zum Tisch eingenommen und der Ball neben dem Körper hochgeworfen (Ausholphase). Gleichzeitig wird das Schlägerblatt etwa auf Schulterniveau angehoben. Das Ellenbogengelenk ist dabei leicht angewinkelt. Anschließend wird das Schlägerblatt nach unten vorne geführt. Bis hierhin, nämlich bis zum Balltreffpunkt, sehen die beiden Varianten mit Unterschnitt und ohne Unterschnitt fast identisch aus. Nun aber beginnen die Unterschiede.

Vorhandunterschnittaufschlag mit wenig Effet (Unterschnitt)

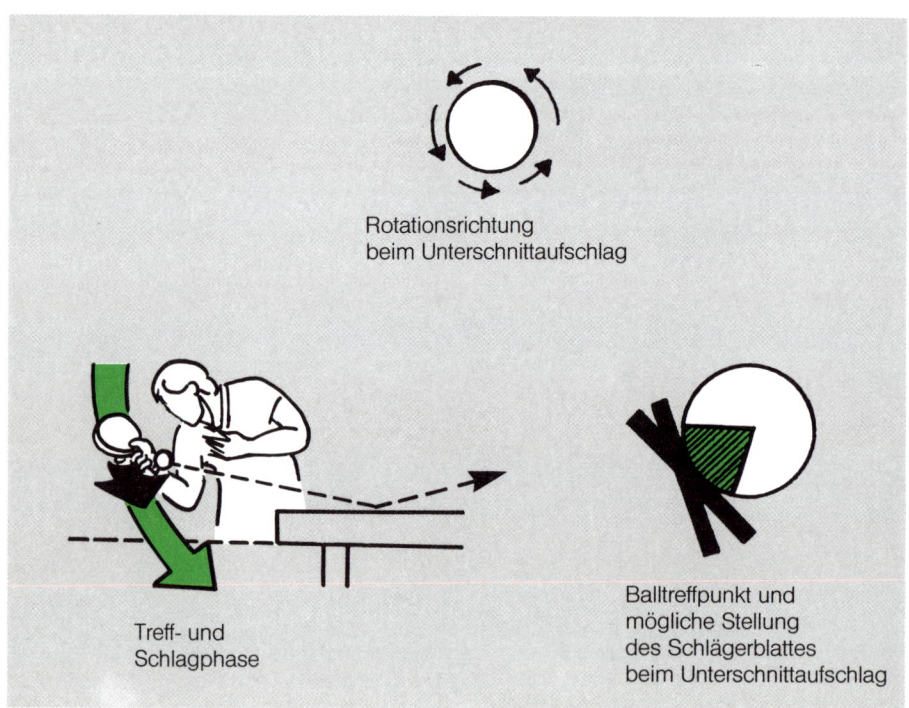

Rotationsrichtung beim Unterschnittaufschlag

Treff- und Schlagphase

Balltreffpunkt und mögliche Stellung des Schlägerblattes beim Unterschnittaufschlag

Vorhandunterschnittaufschlag mit viel Effet

Phase 1: Hochwerfen des Balles und Ausholphase

Phase 2: Beginn der Schlagbewegung

Phase 3: Balltreffphase

Phase 4: Abruptes Abstoppen der Schlagbewegung nach Treffphase

Bei dieser Phasendarstellung des Vorhandunterschnittaufschlages mit viel Effet kann man deutlich erkennen, daß die Schlagbewegung nach der Ausholbewegung (Phase 1) und der Balltreffphase (Phase 3, Phase 4) abrupt abgestoppt wird. Dadurch entsteht der gewünschte Unterschnitt.

Rückhandunterschnittaufschlag

Die Ausführung des Rückhanderschnittaufschlages unterscheidet sich in der Ausführung vom Vorhanderschnittaufschlag nur durch einige kleine Nuancen. Die Ausgangsstellung ist nicht ganz so seitlich wie bei der Vorhand, bei manchen Spielern fast parallel zum Tisch. In diesem Falle wird als Ausgleich die linke Schulter etwas weiter nach hinten genommen. Während der Schlagbewegung wird sie dann durch eine sanfte Oberkörperdrehung wieder nach vorne gebracht.

Bei der schnittlosen Variante wird das Schlägerblatt bis unter Tischniveau geführt. Bei der Schnittvariante wird auch hier, wie der bei Vorhand, der Effekt durch ruckartiges Abbremsen der Bewegung, unterstützt durch den entsprechenden Handgelenkeinsatz, erzeugt. Allerdings lassen sich mit der Rückhand bei weitem nicht so viele Unterschnittvarianten spielen wie mit der Vorhand.

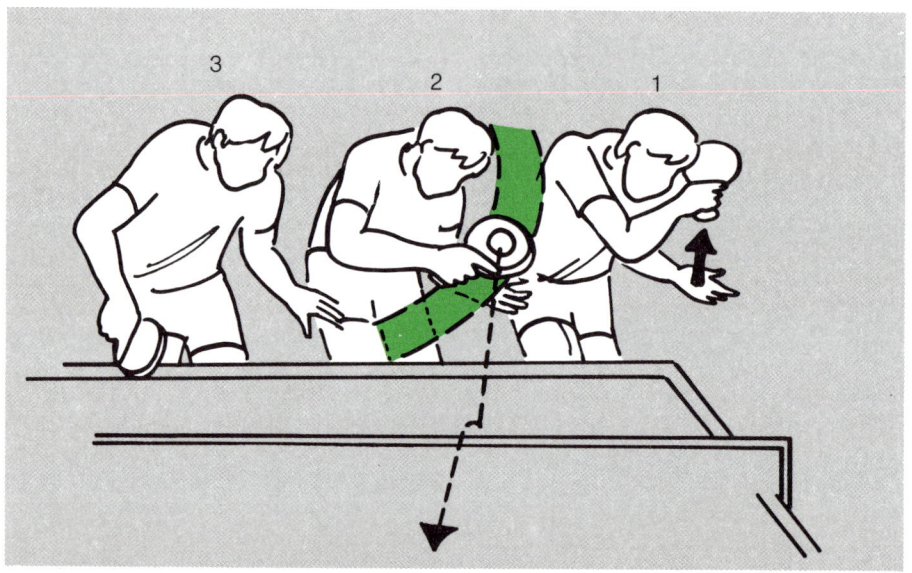

Bewegungsablauf beim Rückhandunterschnittaufschlag

Rückhandseitenschnittaufschlag

Wie Sie der Zeichnung unten entnehmen können, wird beim Rückhandseitenschnittaufschlag das Schlägerblatt in erster Linie durch das Anheben des rechten Ellbogens in seine nach rechts tendierende, seitliche Bewegungsbahn gebracht (siehe Pfeil). Während dieser Bewegung wird der hochgeworfene Ball tangiert und in seitliche Rotation versetzt. Unterarm- und Handgelenksarbeit sind entscheidend für die Intensität der gewünschten Rotation (seitlicher Drall), die vom Aufschläger aus eine Linksrotation ist.

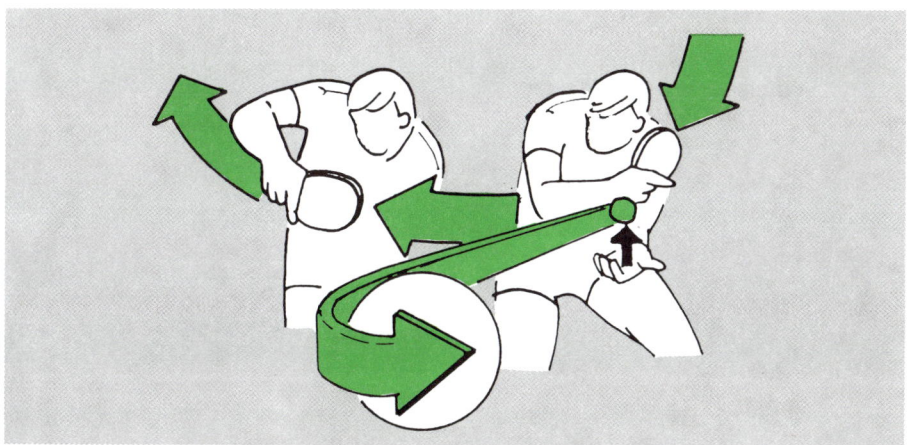

Die seitliche Bewegung des Schlägers bewirkt die Rotation des Balles

Plazierung

Der Rückhandseitenschnittaufschlag läßt sich stark variieren, sowohl was die Ausführung im Detail als auch die Plazierung betrifft, denn mit diesem Aufschlag kann auf nahezu jede Stelle der gegnerischen Plattenhälfte gespielt werden.

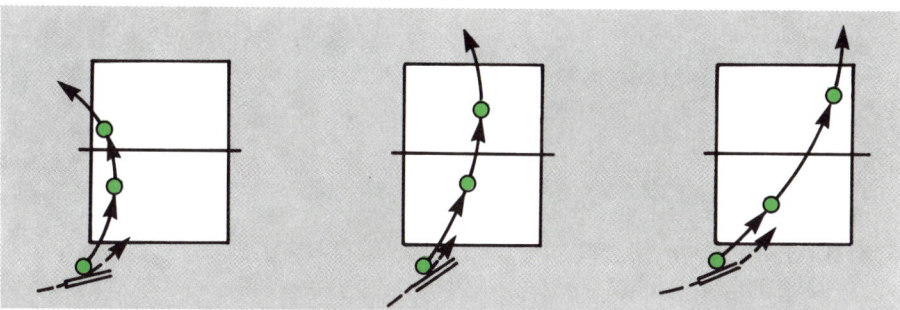

Drei der häufigsten Plazierungsvarianten des Rückhandseitenschnittaufschlages

Version I: Hauptbewegungsrichtung seitlich zur Grundlinie

Während der Ball mit der linken Hand hochgeworfen wird, bewegt sich der rechte Schlagarm, der im Ellbogengelenk etwa 90 Grad angewinkelt ist, zur linken Schulter. Der Oberkörper beugt sich etwas nach vorne. Damit ist die Ausholbewegung zu Ende.

Gegen Ende der Aushol- und zu Beginn der Schwungphase steht das Schlägerblatt fast senkrecht nach oben. Die nun folgende Schlag- und Ausschwungbewegung sorgt dafür, daß das Schlägerblatt in der Endphase senkrecht nach unten schaut. Diese Schlag- und Ausschwungbewegung entsteht durch das Anheben des Oberarmes, dadurch werden Ellenbogen und Schlägerblatt auf eine seitlich nach unten rechts gerichtete Bewegungsbahn gebracht. In dieser Phase wird auch der Ball seitlich touchiert und erhält eine seitliche Rotation.

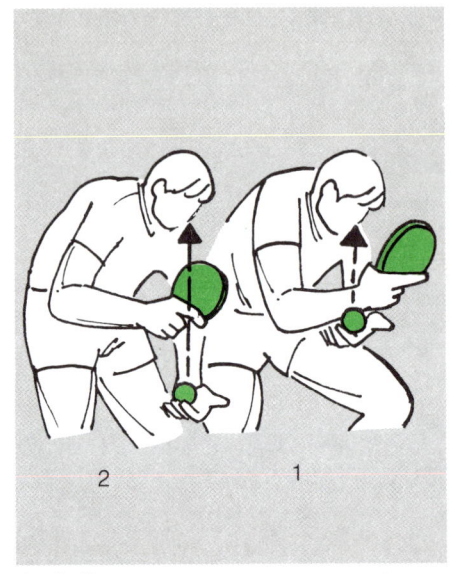

Ausholbewegung

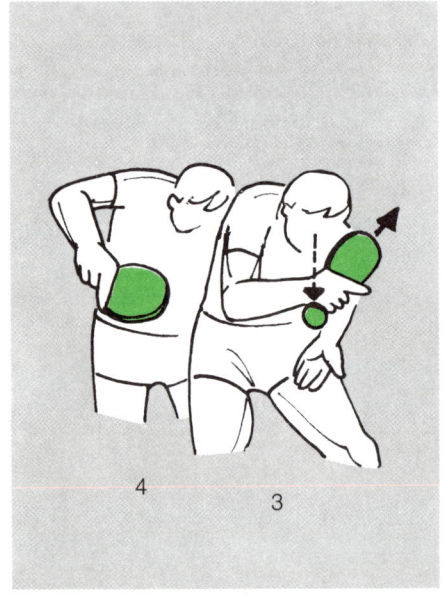

Schwung- und Treffphase

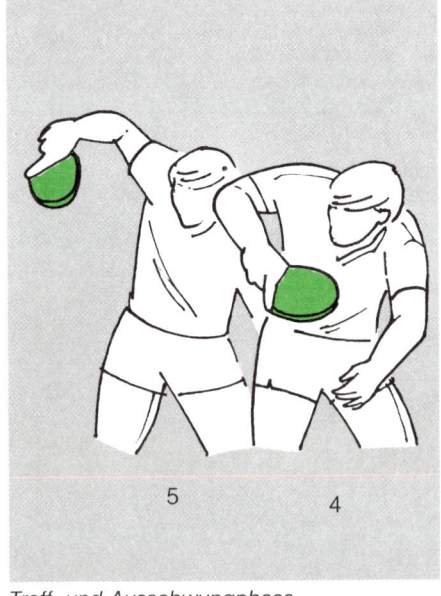

Treff- und Ausschwungphase

Version II: Hauptbewegungsrichtung seitlich nach vorne

Ähnlich wie bei Version I wird zunächst eine leicht seitliche, fast schon parallele Stellung eingenommen (linker Fuß etwas hinter dem rechten Fuß).
Im Gegensatz zu Version I wird bei der Schlagausführung jedoch der Ellbogen nicht parallel zur Grundlinie, sondern nach oben vorne in Richtung gegnerische Tischhälfte bewegt. Auch Unterarm- und Handgelenkeinsatz sind mehr in Richtung Gegner orientiert.
Diese Bewegung von Unterarm und Handgelenk, besonders die Bewegungsrichtung, wird in der unteren Phasendarstellung deutlich.
Nun aber zu einer detaillierten Bewegungsbeschreibung in einzelnen Phasen. Zunächst einmal wird der Ball mit der linken Hand hochgeworfen und das Schlägerblatt zum Ausholen bis in Höhe der linken Schulter zurückgeführt. Dies geschieht in mehreren Teilbewegungen (1–3). Der Ellbogen macht eine halbkreisförmige Bewegung, Unterarm und Hand-

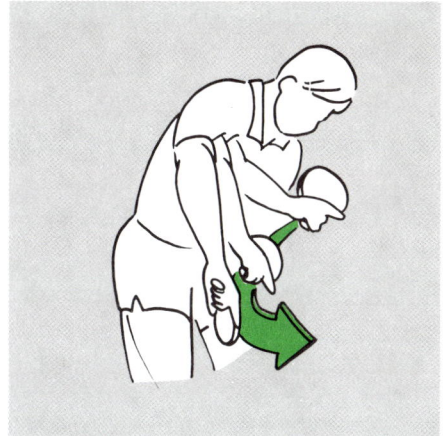

Bewegung von Unterarm und Handgelenk

gelenk verrichten bis Phase 5 keine eigene aktive Bewegung. Der Oberarm wird vom Spieler aus gesehen nach links unten gedreht. Erst in Phase 6 bewegen sich Unterarm und Handgelenk halbkreisförmig nach vorne links.

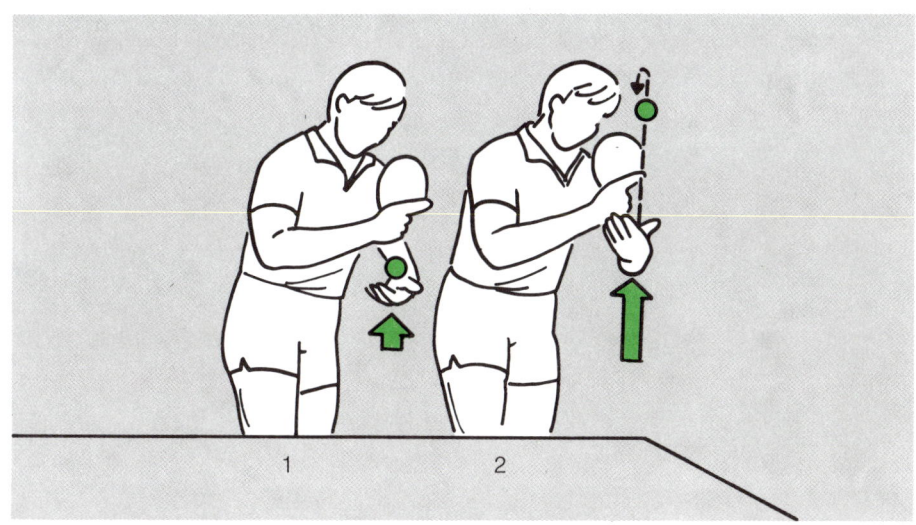

Hochwerfen des Balles und Ausholphase beim Rückhandseitenschnittaufschlag

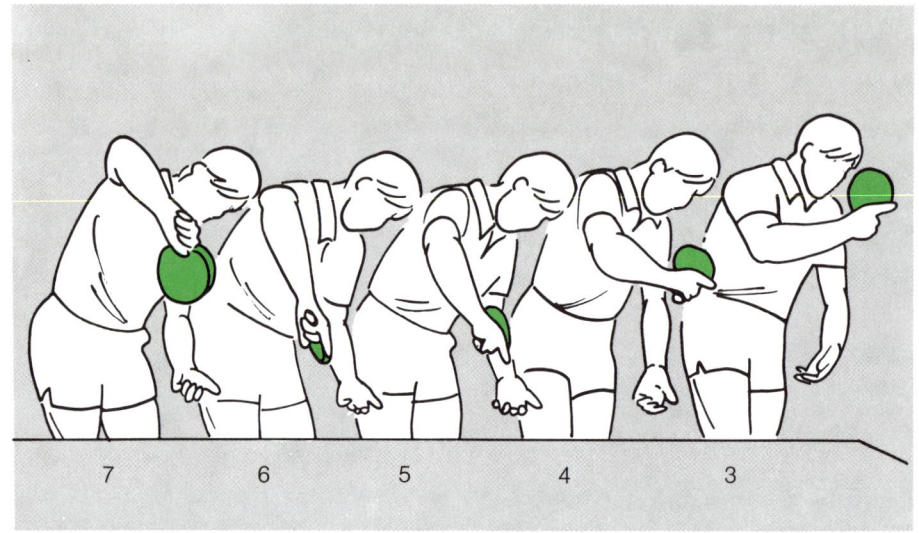

Schlagphasen des Rückhandseitenschnittaufschlags

Vorhandseitenschnittaufschlag

Der Vorhandseitenschnittaufschlag zählt zu den meistgespielten Aufschlägen im Wettkampftischtennis. Dies rührt wohl in erster Linie daher, daß er bei Plazierung in die Rückhandseite eines rechts spielenden Gegners unangenehm nach außen wegdreht. Deshalb kann er nur ziemlich passiv zurückgespielt werden. Der Aufschläger behält also die Initiative.

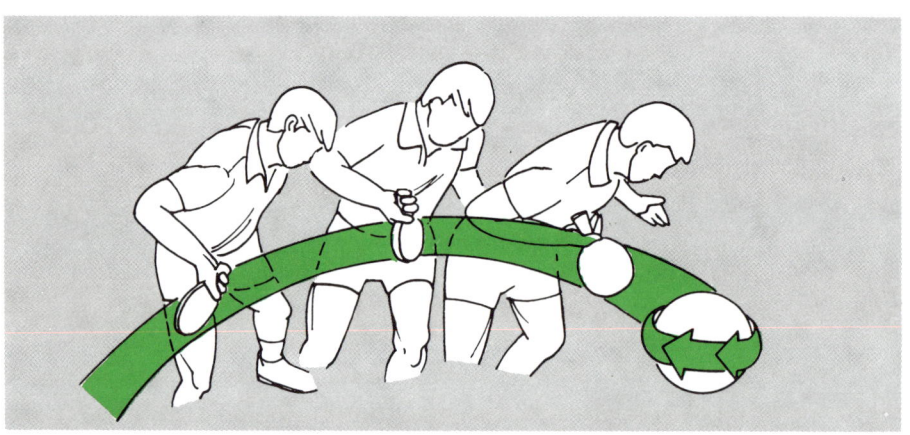

Bewegungsablauf Vorhandseitenschnittaufschlag

Plazierung

Auch dieser Aufschlag kann prinzipiell auf jede beliebige Stelle der gegnerischen Tischhälfte plaziert werden, aber 3 Plazierungsvarianten haben sich als erfolgreich herausgestellt. Zwei der drei Aufschläge sind in die gegnerische Rückhand gerichtet. Aufschläge in die Vorhand sind weit riskanter, da sie leichter aktiv zu beantworten sind.

Plazierungsvarianten

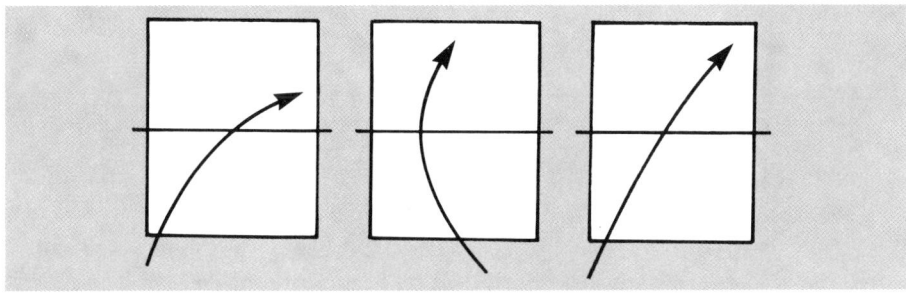

in die Rückhand   *in die Vorhand*   *in die Rückhand*

Bewegungsbeschreibung Vorhandseitenschnittaufschlag

Aus einer deutlich seitlichen Stellung zur Grundlinie wird der Ball hochgeworfen (1 und 2). Je höher der Ball geworfen wird, desto stärker ist der Aufprall des Balles auf dem Schläger und damit die Geschwindigkeit des Aufschlages. Auf die Stärke der Rotation macht sich ein Hochwerfen eher negativ bemerkbar.

Gleichzeitig mit dem hochgeworfenen Ball wird die Schlaghand bis über Kopfhöhe nach hinten oben geführt. In der Endphase der Ausholbewegung ist der Arm im Ellbogengelenk fast gestreckt (3). Dann wird die Schlagbewegung abwärts eingeleitet (4). Während der Oberarm sich nach unten bewegt, beginnt der Unterarm eine halbkreisförmige Bewegung nach unten vorne (5).

Diese Unterarmbewegung wird fortgesetzt und in der Phase der Ballberührung unterstützt durch eine ruckartige, um den Ball herumführende Bewegung des Handgelenks (6). Die Handgelenksbewegung ist die für den Drall wichtigste Komponente. Das Schlägerblatt steht bei der reinen Seitenschnittangabe fast senkrecht nach unten (siehe Phasendarstellung auf der nächsten Seite).

Phasendarstellung Vorhandseitenschnittaufschlag

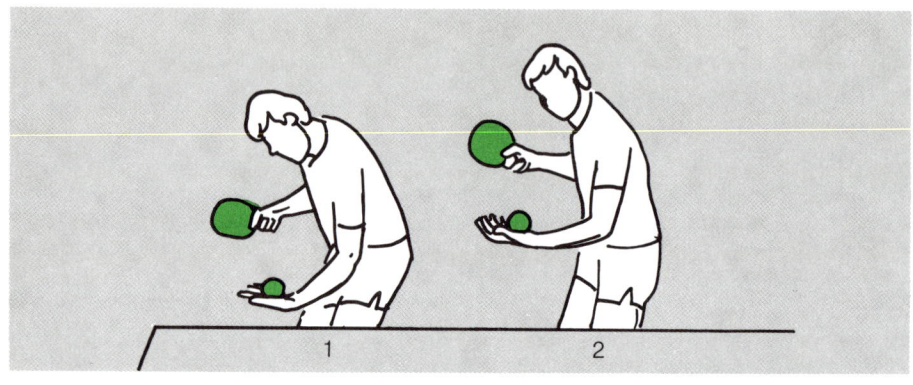

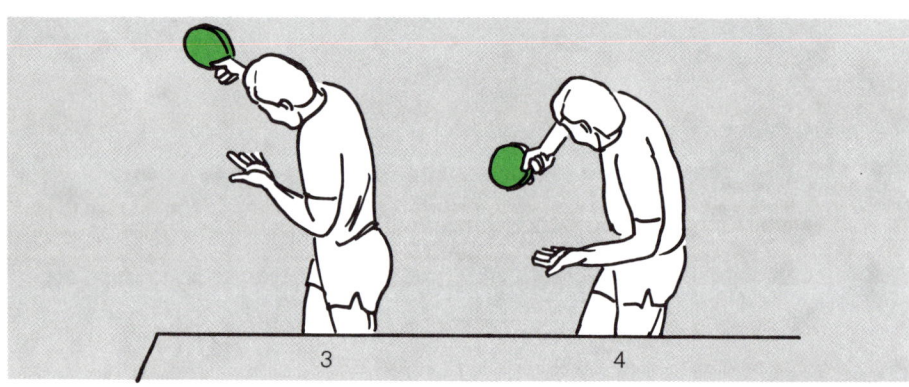

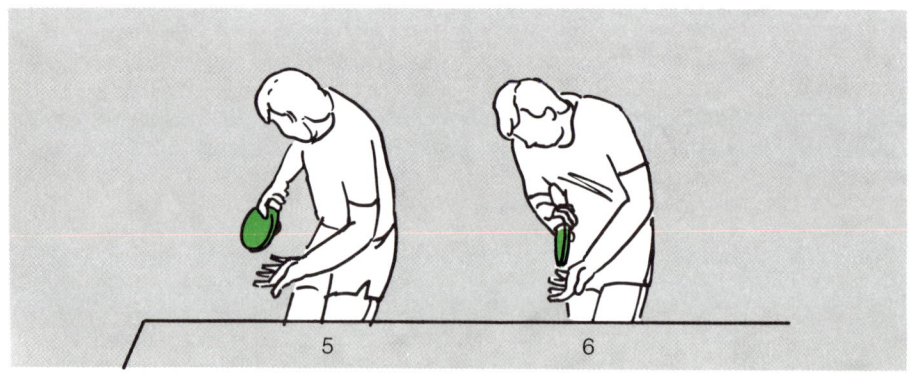

Handgelenkeinsatz

Der gekonnte, ruckartige Handgelenkeinsatz bestimmt in erster Linie die Stärke des seitlichen Dralls. Deshalb sollte die Beweglichkeit des Handgelenks ständig geübt und verbessert werden.

Stellung des Schlägerblattes

Das Schlägerblatt steht beim reinen Seitenschnittaufschlag während der Trefferphase senkrecht. Sollten Sie das Schlägerblatt bei normaler Schlägerhaltung nicht senkrecht halten können, so gibt es hierfür einen kleinen Trick. Zunächst einmal sollten Ring-, Mittel- und kleiner Finger den Schlägergriff loslassen. Das Schlägerblatt bewegt sich daraufhin automatisch nach unten und der Schlägergriff nach oben. Der Schläger wird also nur noch mit Daumen und Zeigefinger festgehalten. Dann sollten die drei arbeitslosen Finger den Schlägergriff so an den Handballen drücken, daß der Schläger nun in der gewünschten senkrechten Haltung fixiert bleibt. Nun läßt sich der Aufschlag leicht ausführen.

Soll der Aufschlag neben dem seitlichen Drall auch noch etwas Unter- oder Oberschnitt bekommen, so ist das Schlägerblatt in der Treffphase leicht geöffnet bzw. leicht geschlossen zu halten.

Besonders diese kleinen Variationen machen einen Aufschlag gefährlich.

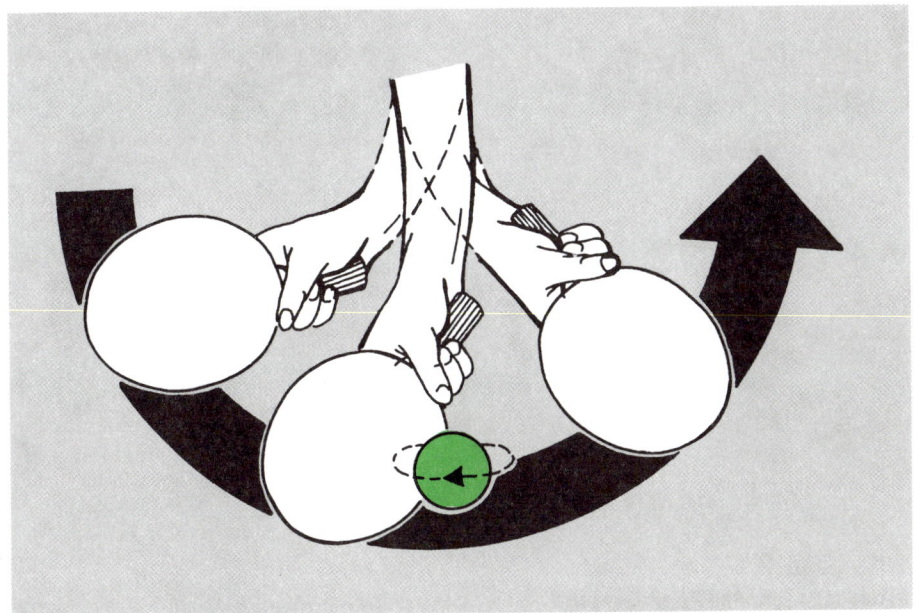

Stellung des Schlägerblattes und Handgelenks beim Vorhandseitenschnittaufschlag

Extrem hoch geworfener Ball

Manchmal sieht man bei Spitzenspielern, daß gerade bei diesem Aufschlag der Ball extrem hoch geworfen wird (bis zu 3 m). Dies erhöht zum einen die Aufprallgeschwindigkeit des Balles auf den Schläger und somit das Tempo des Aufschlages, vielleicht sogar ein wenig seine Rotation. Die Gefährlichkeit des hochgeworfenen Aufschlages rührt jedoch daher, daß die Aufmerksamkeit des Gegners auf den hochgeworfenen Ball und nicht auf den wichtigen Balltreffpunkt gerichtet ist. Das Hochwerfen des Balles ist also ein Ablenkungsmanöver.

Extrem hoch geworfener Ball

Vorhandseitenschnittaufschlag aus der Hocke

Der Vorhandseitenschnittaufschlag aus der Hocke gehört zu den vom Bewegungsablauf her schwierigeren Aufschlägen.

Zunächst einmal wird der Ball senkrecht nach oben geworfen, und der Spieler nimmt währenddessen eine seitliche Hockstellung ein (1–3). Die linke Schulter zeigt also Richtung gegnerische Plattenseite. Dabei stehen die Füße parallel, oder einer der beiden Füße, bei den meisten Spielern wird es der linke Fuß sein, ist etwas nach vorne versetzt. Dann wird das Schlägerblatt nach oben hinter den Kopf etwa auf Höhe des rechten Ohres geführt. Um extremen Seitenschnitt zu geben, kann man auch noch den Kopf ein wenig zurücknehmen und ein Hohlkreuz bilden (4), das dann in der Schlagphase wieder aufgelöst wird. Das Auflösen dieser Bogenspannung bewirkt eine Beschleunigung des Balles. Nun beginnt der halbkreisförmige Vorschwung des Schlägerblattes, währenddessen der Ball seitlich getroffen wird (5–6).

Die Stärke der seitlichen Rotation wird vornehmlich von 3 Bewegungselementen bestimmt:

1. Qualität der Armbewegung, speziell der schnellen, kräftigen Streckung des Unterarmes.
2. Auflösen der Hohlkreuzstellung (Bogenspannung) durch explosives Nachvornebringen von Kopf und Oberkörper.
3. Im Balltreffpunkt erfolgt noch ein intensiver Handgelenkseinsatz.

Um einen möglichst schnellen und effektvollen Aufschlag spielen zu können, sollten alle drei Möglichkeiten genutzt werden. Bei der abgebildeten Aufschlagssequenz können Sie die Anwendung aller Elemente noch einmal optisch verfolgen.

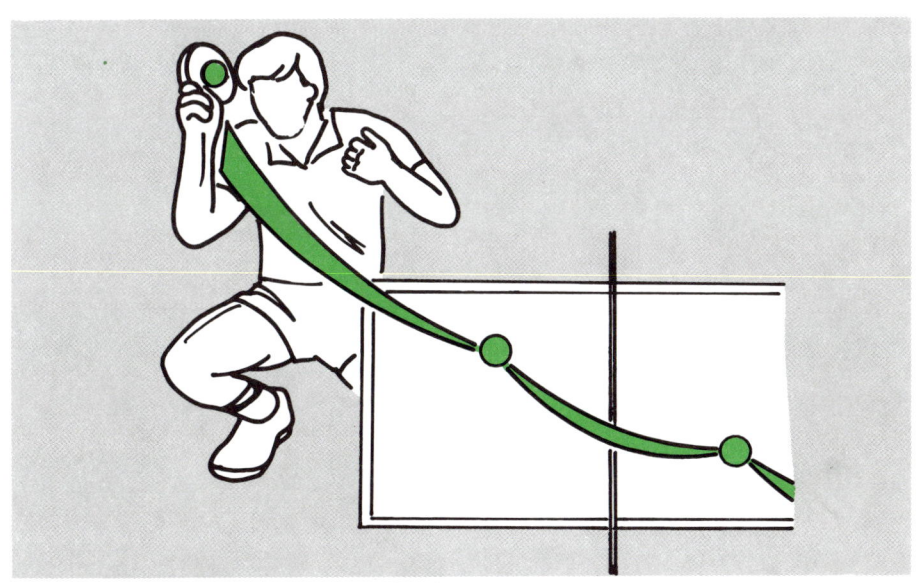

Vorhandseitenschnittaufschlag aus der Hocke

Phasendarstellung des Vorhandseitenschnittaufschlages aus der Hocke mit senkrechtem Schlägerblatt

Phase 1

Phase 2

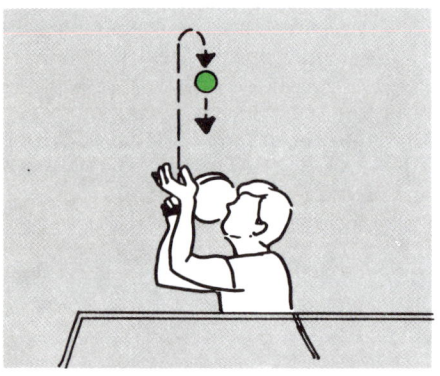

Phase 3

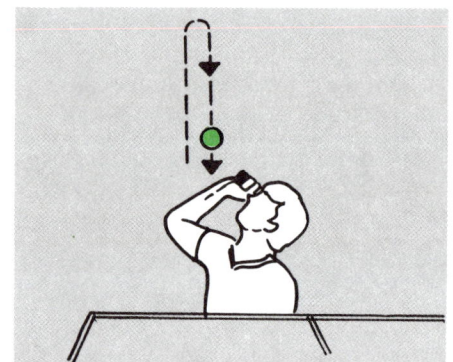

Phase 4

Phase 5

Phase 6

Stellung des Schlägerblattes

Während der Balltreffphase kann das Schlägerblatt leicht geöffnet, senkrecht oder sogar leicht geschlossen sein. Auf der Abbildung rechts wird der Ball mit offenem, auf der Abbildung unten mit senkrechtem Schlägerblatt getroffen. Je nach Stellung des Schlägerblattes kommt zu dem seitlichen Drall noch Unterschnitt (offene Stellung) oder Überschnitt (geschlossene Stellung). Bei der senkrechten Stellung handelt es sich um den reinen Seitenschnittaufschlag.

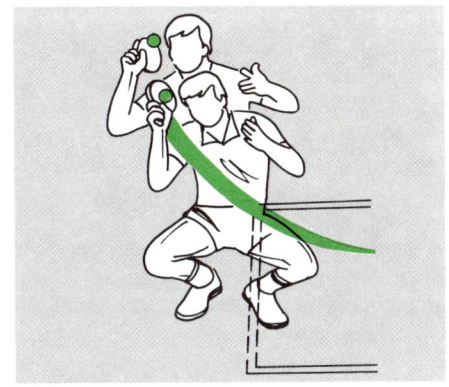

Offenes Schlägerblatt und fast gerade Schwungkurve

Schwungkurve des Schlägers

Die Schwungkurve des Schlägers, die immer halbkreisförmig ist, kann nun aber verschieden ausgestaltet werden. Einmal ist die Kurve nur sanft geschwungen (Abb. oben), es fehlt nicht mehr viel zur Geraden, ein andermal fällt die halbkreisförmige Schwingung viel deutlicher aus (Abb. rechts).

Je runder die Schwungbewegung, desto mehr Seitendrall, je geradliniger die Schwungbewegung, desto mehr Tempo hat der Aufschlag.

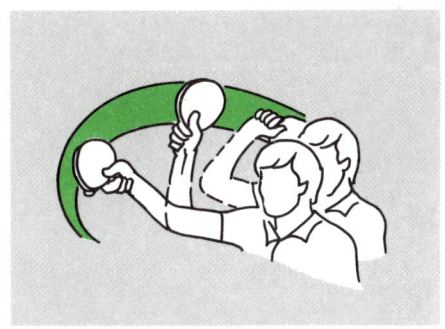

Senkrechtes Schlägerblatt und fast halbkreisförmige Schwungkurve

Plazierung

Dieser Aufschlag kann beinahe an jeden Punkt der gegnerischen Plattenhälfte plaziert werden, es haben sich jedoch zwei Plazierungsvarianten als besonders effektiv erwiesen. Diese beiden Varianten sind unten abgebildet.

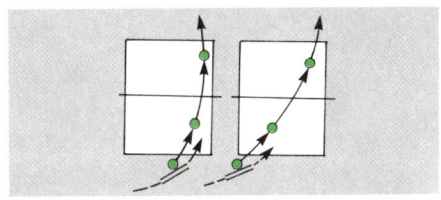

Die beiden effektivsten Plazierungen

Überkopfaufschlag aus der tiefen Hocke

Diese Aufschlagsart ist vielleicht die schwierigste überhaupt. Bei guter Ausführung gehört sie aber auch zu den gefährlichsten, wenn auch riskantesten Aufschlägen. Der Überkopfaufschlag kann sehr variantenreich gespielt werden. Unter- und Seitenschnitt können auf vielfältige und nur schwer zu erkennende Weise miteinander kombiniert werden. Hier geht es um die Varianten mit Seitendrall und starkem Unterschnitt.

Überkopfaufschlag mit besonderer Betonung des Seitendralls

Plazierung

Alle Varianten des Überkopfaufschlages können sowohl von der Vorhand- als auch von der Rückhandseite aus gespielt werden. Auch jeder Punkt auf der gegnerischen Seite kann als Plazierung gewählt werden.

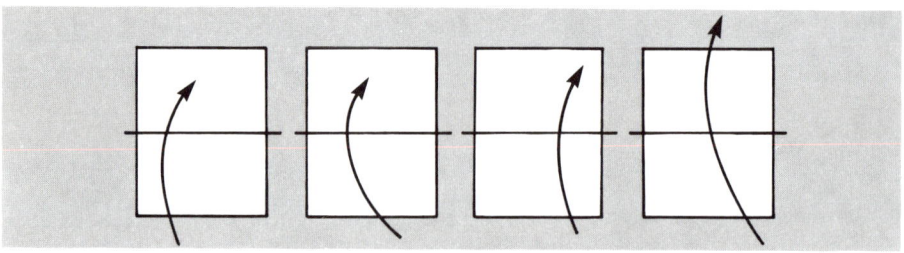

Mögliche Plazierungen

Bewegungsbeschreibung Überkopfaufschlag

Während die linke Hand den Ball zum Aufschlag senkrecht nach oben wirft, geht der Spieler in die Hocke und schwingt gleichzeitig die Schlaghand halbkreisförmig nach oben (1–3). Inzwischen hat der hochgeworfene Ball den höchsten Punkt seiner Flugkurve bereits überschritten. Nun trifft das Schlägerblatt während seiner Bewegung nach unten den Ball seitlich vor oder neben dem Kopf des noch in Hockstellung sich befindenden Spielers. Dann kommt es auf kleinste Feinheiten an, um dem Ball die gewünschte Rotation zu vermitteln.

Der Spieler führt das Schlägerblatt vor dem Kopf herunter, bis etwas unter Kniehöhe, diese Bewegungsrichtung forciert er durch energischen Einsatz von Unterarm und Handgelenksschwung.

Je nachdem, ob die seitliche oder die Bewegung nach unten stärker betont wird, hat der Aufschlag mehr Unter- bzw. Seitenschnitt. Die Abbildung unten zeigt den Bewegungsablauf, der dem Ball einen starken seitlichen Drall gibt. Die Pfeile kennzeichnen die Drehbewegung des Handgelenks.

Der Spieler auf der nächsten Seite hingegen betont mehr den Unterschnitt. Er versucht es auf die sanfte Art. Er bewegt das Schlägerblatt ebenfalls halbkreisförmig über den Kopf, dabei steht das Schlägerblatt aber nicht senkrecht nach oben, sondern ist leicht nach hinten geöffnet. Wenn der hochgeworfene Ball nun von oben kommt, versucht er, den Aufprall des Balles möglichst sanft zu gestalten, indem das Schlägerblatt mit geöffneter Stellung die Ballbewegung nach unten etwas mitvollzieht.

Dadurch trifft der Ball nun ganz sanft auf dem Schlägerblatt auf und erhält durch die Bewegung mit geöffnetem Schlägerblatt einen minimalen Unterschnitt. Durch das sanfte Abtropfenlassen des Balles bleibt diesem soviel Bewegungsenergie, daß er gerade noch über das Netz fliegt. Die Wirkung dieser Variante wird von vielen falsch eingeschätzt. Durch die extensive Halbkreisbewegung glauben sie, daß in diesem Ball viel Seitenschnitt und überhaupt sehr viel Bewegungsenergie sei. Sie gehen deshalb sehr vorsichtig an den Ball heran. Da der Ball aber nur noch minimale Bewegungsenergie und nur wenig Unterschnitt hat, wird er häufig ins Netz gespielt.

Zusammenfassend kann man sagen, daß auch diese Aufschlagsart mit vielen kleinen Varianten gespielt werden kann.

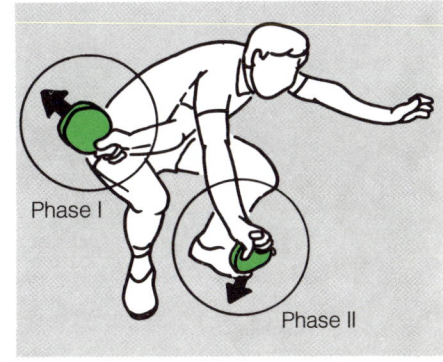

Demonstration der Seitendrallbewegung durch Verdeutlichung der Handgelenksarbeit und der Stellung des Schlägerblattes in der Aushol- (I) und Ausschwungsphase (II)

Phasendarstellung des Überkopfaufschlages aus der tiefen Hocke mit Betonung des Unterschnitts

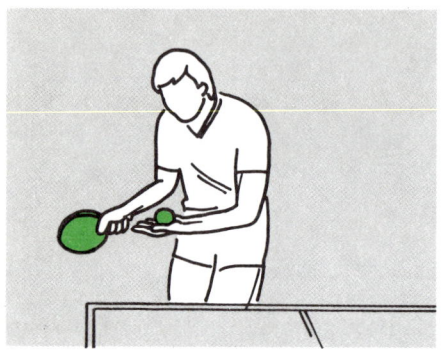
Phase 1

Phase 2

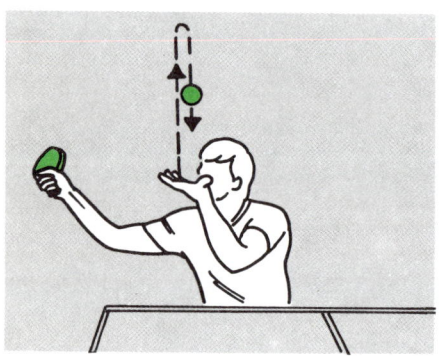
Phase 3

Phase 4

Phase 5

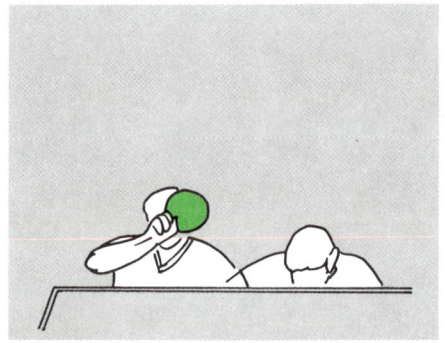
Phase 6

UNSER TIP

Stretching
mit Dehnungsgymnastik zu Entspannung, Geschmeidigkeit und Wohlbefinden
(**0717**) Von Ellen Kleila, 64 S.,
67 s/w-Fotos, kartoniert.
DM 9,90, öS 79,–, SFr 10,90

Segeln
Grundlagen · Technik · Faszination
(**1364**) Von H. Mönster, K.-H. Eden, U. Finckh, 128 S., zahlreiche Farbabbildungen, kartoniert.
DM 29,90, öS 239,–, SFr 29,90

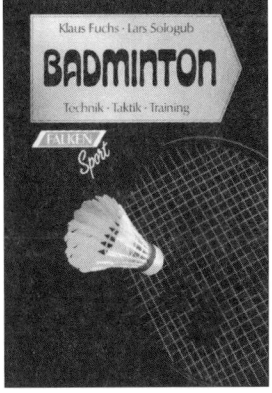

Badminton
Technik · Taktik · Training
(**0699**) Von K. Fuchs, 160 S.,
51 Abbildungen, kartoniert.
DM 16,90, öS 139,–, SFr 17,90

Stretching
(**1247**) Von A. Balk, 40 S., 107 Farbfotos, Spiralbindung.
DM 19,90, öS 159,–, SFr 19,90

fit forever
(**1602**) Von M. Sauer, J. Schuhn, 112 S., durchgängig vierfarbig, zahlreiche Fotos, kartoniert.
DM 19,90, öS 159,–, SFr 19,90

Krafttraining
Wirbelsäulengerechte Übungen an und mit Geräten
(**1309**) Von A. Balk, 48 S., 8 Bildtafeln, Spiralbindung.
DM 24,90, öS 198,–, SFr 25,90

Der Spezialist für nützliche Bücher

Falls durch besondere Umstände Preisänderungen notwendig werden, erfolgt Auftragserledigung zu dem bei der Lieferung gültigen Preis.

UNSER TIP

Körpergerechtes Muskeltraining
Leistungsfähiger in Freizeit,
Sport und Beruf
(**1595**) Von H. Stephan, 96 S.,
durchgängig einfarbig, kartoniert.
DM 9,90, öS 77,–, SFr 9,90

**Gesund und fit durch
Gymnastik**
(**1547**) Von U. Birkner, 88 S.,
durchgehend einfarbig, kartoniert.
DM 12,90, öS 99,–, SFr 13,90

Bodybuilding für Frauen
Den Körper formen durch
Muskeltraining
(**1510**) Von W. Wanghofer, 96 S.,
zahlreiche Abbildungen, kartoniert.
DM 12,90, öS 99,–, SFr 13,90

Sportmassage
Grundlagen · Techniken · Anwendungen
(**1601**) Von Dr. med. H. Lorer,
C. Karvounidis, 80 S., 8 Bildtafeln,
kartoniert.
DM 29,90, öS 239,–, SFr 29,90

Funktionelles Körpertraining
Grundlagen und Bewegungsprogramme
(**1367**) VonA. Balk, 40 S., 100 Farbfotos,
kartoniert.
DM 29,90, öS 239,–, SFr 29,90

Circuittraining
Funktionelle Übungen und
Fitneßprogramme
(**1509**) Von T. Stemper, P. Wastl, 48 S.,
8 Klapptafeln, kartoniert.
DM 29,90, öS 239,–, SFr 29,90

Der Spezialist für nützliche Bücher

Falls durch besondere Umstände Preisänderungen notwendig werden, erfolgt Auftragserledigung zu dem bei der Lieferung gültigen Preis.

VERLAGS-VERZEICHNIS

Eine Auswahl · Stand Sommer 1995

Bücher · Videos

- Rat und Wissen
- Essen und Trinken
- Mensch und Gesundheit
- Sport und Fitneß
- Do it yourself + Technik
- Kreatives Gestalten
- Spiele und Denksport
- FALKEN für Kinder
- Garten
- Tiere
- Video

Rat und Wissen

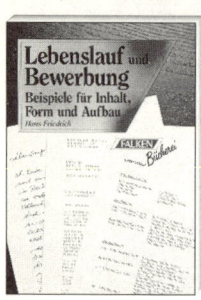

Lebenslauf und Bewerbung
(**0428**-1) von H. Friedrich,
112 Seiten, kartoniert

Die erfolgreiche Bewerbung
(**0173**-8) von W. Manekeller,
144 Seiten, kartoniert

**Bewerbungsbriefe
und Stellengesuche**
(**0138**-X) von Dr. W. Reichel,
96 Seiten, kartoniert

Bewerbungsstrategien
(**1027**-3) von Dr. W. Reichel,
128 Seiten, kartoniert

Vorstellungsgespräche
(**0636**-5) von H. Friedrich,
144 Seiten, kartoniert

**Das überzeugende
Vorstellungsgespräch**
(**1261**-6) von R. Ibelgaufts,
144 Seiten, kartoniert

Assessment Center
(**1385**-X) von H. Beitz, 160 Seiten,
kartoniert

Umgangsformen im Berufsleben
(**0063**-4) von R. Bartels, 80 Seiten,
kartoniert

Maschinenschreiben
(**0568**-7) von M. Kempkes,
112 Seiten, Spiralbindung

**Maschinenschreiben
im Selbstunterricht**
(**0170**-3) von O. Fonfara, 88 Seiten,
kartoniert

Buchführung leicht gefaßt
(**0127**-4) von H. R. Pohl, 104 Seiten,
kartoniert

Buchführung leicht gemacht
(**4238**-8) von D. Machenheimer,
256 Seiten, gebunden

Bewährte Musterbriefe
(**0231**-9) von O. Fuhrmann,
240 Seiten, kartoniert

Geschäftliche Briefe
(**0041**-3) von G. Briese-Neumann,
120 Seiten, kartoniert

Arbeitszeugnisse
(**1444**-9) von A. Nasemann,
136 Seiten, kartoniert

Brain Building
(**4704**-5) von M. vos Savant,
288 Seiten, gebunden

Besseres Englisch
(**0745**-0) von E. Henrichs,
144 Seiten, kartoniert

FALKEN Reihe: *CheckUp*
Testament und Erbschaft
(**1525**-9) von P. J. Schneider,
72 Seiten, kartoniert

    (**1524**-0) Recht für Mieter
    (**1526**-7) Kaufverträge
    (**1565**-8) Recht für Urlauber
    (**1566**-6) Stellensuche und
                Bewerbung
    (**1527**-5) Vorstellungsgespräche

FALKEN Reihe:
*Alles was man über * wissen muß*
***Pflegeversicherung**
(**1341**-8) von K. Möcks, 112 Seiten,
kartoniert

    (**1390**-6) *Umgang mit Behörden
    (**1387**-6) *Bafög
    (**1445**-7) *Vermögensbildung
    (**1189**-X) *Versicherungen
    (**1071**-0) *Ehen ohne Trauschein
    (**0835**-X) *Erziehungsgeld,
                Mutterschutz,
                Erziehungsurlaub
    (**1264**-0) *Scheidung und
                Unterhalt

    (**0939**-9) *Testament u. Erbschaft
    (**0479**-6) *Mietrecht

Mietrecht
(**1409**-0) von W. Büser, 88 Seiten,
kartoniert

Erbrecht und Testament
(**0046**-4) von H. Wandrey,
124 Seiten, kartoniert

Testament und Erbschaft
(**4139**-X) von T. Drewes, 304 Seiten,
gebunden

Die neue Farbberatung
(**4782**-7) von G. Watermann,
128 Seiten, gebunden

**ABC der modernen
Umgangsformen**
(**4754**-1) von I. Wolff, 222 Seiten,
gebunden

Krawatten
(**1519**-4) von M. Adam, 48 Seiten,
gebunden

FALKEN Reihe: *Horoskope*
Schütze
(**1539**-9) von G. Haddenbach,
85 Seiten, gebunden

    (**1531**-3) Widder
    (**1532**-1) Stier
    (**1533**-X) Zwilling
    (**1534**-8) Krebs
    (**1535**-6) Löwe
    (**1536**-4) Jungfrau
    (**1537**-2) Waage
    (**1538**-0) Skorpion
    (**1540**-2) Steinbock
    (**1541**-0) Wassermann
    (**1542**-9) Fische

Chinesisches Horoskop
(**0423**-0) von G. Haddenbach,
88 Seiten, kartoniert

Die 12 Sternzeichen
(**0385**-4) von G. Haddenbach,
136 Seiten, kartoniert

Partnerschaftshoroskop
(**0587**-3) von G. Haddenbach,
112 Seiten, kartoniert

Wahrsagen mit Karten
(**0404**-4) von R. Koch, 80 Seiten,
kartoniert

Kinderüberraschung
(**1499**-6) von N. Mosch, 88 Seiten,
kartoniert

Neue Texte für den Anrufbeantworter
(**1529**-1) von T. Fröhling, 80 Seiten,
kartoniert

Wir feiern Hochzeit
(**0943**-7) von H. J. Winkler,
120 Seiten, kartoniert

Einladungen texten und gestalten
(**1484**-8) von R. Zey, 80 Seiten
kartoniert

Hochzeitszeitungen mit Pfiff
(**1379**-5) von Y. Thalheim, 80 Seiten,
kartoniert

Glückwünsche, Toasts und Festreden zu Polterabend und Hochzeit
(**0264**-5) von I. Wolter, 112 Seiten,
kartoniert

Herzliche Glückwünsche
(**0942**-9) von B. H. Bull, 256 Seiten,
gebunden

Beliebte Verse fürs Poesiealbum
(**0431**-1) von W. Pröve, 88 Seiten,
kartoniert

Originelle Verse fürs Poesiealbum
(**1226**-8) von B. Lins, 64 Seiten,
kartoniert

Heitere und besinnliche Verse fürs Poesiealbum
(**1543**-7) von B. H. Bull, 160 Seiten,
kartoniert

Schnell und sicher zum Führerschein
(**1232**-2) von O. Einert, 152 Seiten,
kartoniert

Die aktuellen Prüfungsfragen und Fragebogen für den Führerschein
(**1490**-2) 104 Seiten, kartoniert

Essen und Trinken

Trennkost
(**4298**-1) von U. Summ, 96 Seiten,
kartoniert

Das große Buch der Trennkost
(**4498**-4) von U. Summ, 128 Seiten,
gebunden

Die aktuelle Trennkost
(**4685**-5) von U. Summ, 96 Seiten,
kartoniert

Schnelle Trennkost Küche
(**4746**-0) von H. Harper, 80 Seiten,
kartoniert

Schlank durch Trennkost
(**4475**-2) von U. Summ, 96 Seiten,
kartoniert

Alles über die Haysche Trennkost
(**4771**-1) von Dr. med.
Th. M. Heintze, 112 Seiten, gebunden

FALKEN Reihe: *Einfach gut*
Das kleine 1 x 1 der Trennkost
(**1428**-7) von Seiten Carlsson,
64 Seiten, kartoniert

(**1291**-8) Gerichte aus dem Wok
(**1448**-1) Fisch Gerichte
(**1351**-5) Tisch- und Gartengrill

(**1417**-1) Schnitzel, Steaks & Co.
(**1348**-5) Geflügel Gerichte
(**1491**-0) Beliebte Wildgerichte
(**1582**-8) Saucen und Dips
(**1289**-6) Chinesische Küche
(**1412**-0) Vegetarisches aus dem Wok
(**1384**-1) Fernöstliche Küche
(**1404**-X) Indische Küche
(**1299**-3) Italienische Küche
(**1352**-3) Pizza
(**1558**-8) Französische Küche
(**1407**-4) Quiches, Tartes und andere pikante Kuchen
(**1581**-X) Griechische Küche
(**1439**-2) Mexikanische Küche
(**1298**-5) Fondues
(**1300**-0) Braten auf dem heißen Stein
(**1290**-X) Rezepte fürs Raclette
(**1347**-7) Gemüse Gerichte
(**1441**-4) Knackige Salate
(**1346**-9) Salate
(**1295**-0) Aufläufe
(**1365**-5) Gemüse Aufläufe
(**1451**-1) Kochen und Backen mit Käse
(**1294**-2) Rezepte für 1 Person
(**1583**-6) Schnelle Küche
(**1349**-3) Preiswerte Gerichte
(**1293**-4) Nudel Gerichte
(**1449**-X) Suppen und Eintöpfe
(**1495**-3) Köstlichkeiten aus einem Topf
(**1332**-9) Köstliches aus dem Tontopf
(**1331**-0) Sandwiches, Toasts & Co.
(**1350**-7) Fritieren
(**1297**-7) Kartoffel Gerichte
(**1405**-8) Das essen Kinder gern
(**1492**-9) Pikant einmachen
(**1442**-2) Marmeladen, Gelees und Kompotte
(**1496**-1) Brot backen
(**1493**-7) Backen zu Weihnachten
(**1296**-9) Waffeln

(**1446**-5) Fruchtige Pfannkuchen
und Crêpes
(**1292**-6) Cocktails und Drinks
(**1345**-0) Long Drinks
(**1447**-3) Bowlen und Punsch
(**1495**-3) Alkoholfreie Drinks
(**1450**-3) Milchmixgetränke
(**1408**-2) Vitamin Drinks

FALKEN Reihe:
Gut essen und trinken
Raclette und heißer Stein
(**4766**-5) von R. M. Donhauser,
128 Seiten, gebunden

(**4794**-0) Fisch
(**4762**-2) Köstlichkeiten aus
dem Wok
(**4806**-8) Pizza
(**4759**-2) Fondues
(**4795**-9) Gemüse
(**4768**-1) Salate
(**4700**-2) Aufläufe
(**4793**-2) Gratins und Soufflés
(**4767**-3) Kuchen

Spezialitäten aus dem Wok
(**0933**-X) von Kuo Huey Jen,
64 Seiten, gebunden

Kochen mit dem Wok
(**4528**-X) von P. Nikolay, 160 Seiten,
gebunden

Raclette-Grill
(**0558**-X) von I. Helger, 72 Seiten,
kartoniert

Das Fitmacher Kochbuch
(**4698**-7) von Prof. Dr. troph.
M. Hamm, 112 Seiten, gebunden

Vollwertküche für Genießer
(**4412**-7) von Prof. Dr. C. Leitzmann
256 Seiten, gebunden

**Kochen und Backen
für Diabetiker**
(**4467**-4) von Dr. med. M. Toeller,
176 Seiten, gebunden

FALKEN Reihe: *Diät heute*
Diät bei Zuckerkrankheit
(**3206**-4) von Prof. Dr. Dieterle,
112 Seiten, kartoniert

(**3207**-2) Diät bei Krankheiten
der Gallenblase, Leber
und Bauchspeicheldrüse
(**3202**-1) Diät bei Herzkrank-
heiten und Bluthoch-
druck
(**3201**-3) Diät bei Krankheiten
des Magens und
Zwölffingerdarms
(**3203**-X) Diät bei Erkrankungen
der Nieren, Harnwege
und bei Dialysebe-
handlung
(**3205**-6) Diät bei Gicht und
Harnsäuresteinen

Heilfasten
(**0713**-2) von G. Leibold, 96 Seiten,
kartoniert

FALKEN Mixbuch
(**4733**-9) von P. Bohrmann,
560 Seiten, gebunden

Servietten falten
(**1042**-7) von M. Müller, 80 Seiten,
kartoniert

Servietten dekorativ falten
(**1337**-X) von H. Tapper, 48 Seiten,
gebunden

Mensch und Gesundheit

Die schönsten Vornamen
(**4755**-X) von Dr. D. Voorgang,
200 Seiten, gebunden

Wie soll es heißen?
(**0211**-4) von D. Köhr, 136 Seiten,
kartoniert

Wir werden Eltern
(**4269**-8) von B. Nees-Delaval,
376 Seiten, gebunden

**Vater werden…
Vater sein**
(**4259**-0) von D. Zimmer,
160 Seiten, gebunden

**Schwangerschaftsgymnastik
und Geburtsvorbereitung**
(**1423**-6) von L. Keller, 112 Seiten,
kartoniert

Yoga für Schwangere
(**0777**-9) von V. Bolesta-Hahn,
112 Seiten, kartoniert

Geburtsvorbereitung
(**1169**-5) von G. Dürer, 134 Seiten,
kartoniert

Ich freue mich auf mein Baby
(**4711**-8) von E. Portz-Schmitt,
184 Seiten, gebunden

Ich bekomme ein Baby
(**1254**-3) von B. Nees-Delaval,
144 Seiten, kartoniert

Der große FALKEN Babykurs
(**4739**-8) von K. Schutt, 352 Seiten,
gebunden

Das Babybuch
(**0531**-8) von A. Burkert, 96 Seiten,
kartoniert

Babyfitneß
(**1034**-6) von G. Zeiß, 112 Seiten,
kartoniert

Die Kunst des Stillens
(**0701**-9) von Prof. Dr. med.
E. Schmidt, 112 Seiten, kartoniert

Rückbildungsgymnastik
(**1470**-8) von L. Keller, 112 Seiten, kartoniert

Wenn Kinder krank werden
(**4240**-X) von B. Nees-Delaval, 232 Seiten, gebunden

Empfängnisverhütung
(**1521**-6) von A. Schmidt-Forth, 168 Seiten, kartoniert

**Total verknallt…
und keine Ahnung?**
(**1024**-9) von H. Bruckner, 104 Seiten, kartoniert

Mir geht's gut - Wege zum positiven Denken
(**1167**-9) von N. Kohla, 136 Seiten, kartoniert

Krampfadern
(**0727**-2) von Dr. med. K. Steffens, 112 Seiten, kartoniert

Homöopathie
(**1334**-5) von J. H. P. Kreuter, 216 Seiten, kartoniert

Allergien behandeln und lindern
(**0840**-6) von G. Leibold, 96 Seiten, kartoniert

Asthma und Bronchitis
(**1083**-4) von G. Leibold, 112 Seiten, kartoniert

Neurodermitis
(**1218**-7) von Prof. Dr. med. Dr. phil. Seiten Borelli, 144 Seiten, kartoniert

Gesunde Haut
(**1468**-6) von Dr. med. J. Müller, 128 Seiten, kartoniert

Akupressur
(**1231**-4) von Foen Tjoeng Lie, 192 Seiten, kartoniert

Akupressur zur Eigenbehandlung
(**0417**-6) von G. Leibold, 112 Seiten, kartoniert

Aromatherapie
(**1131**-8) von K. Schutt, 96 Seiten, kartoniert

Enzyme
(**0677**-2) von G. Leibold, 96 Seiten, kartoniert

Eßstörungen
(**1425**-2) vom Frankfurter Zentrum für Eßstörungen e.V., 112 Seiten, kartoniert

Besser leben durch Fasten
(**0841**-4) von G. Leibold, 96 Seiten, kartoniert

Autogenes Training
(**1278**-0) von Dr. P. Kruse, 118 Seiten, kartoniert

Autogenes Training
(**0541**-5) von R. Faller, 118 Seiten, kartoniert

Autogenes Training für Kinder ab 6 Jahren
(**1327**-2) von K. Haak, 96 Seiten, kartoniert

Sauna
(**0980**-1) von R. A. Pieper, 104 Seiten, kartoniert

Massage
(**1317**-5) von K. Schutt, 168 Seiten, kartoniert

Massage
(**0750**-7) von B. Rumpler, 112 Seiten, kartoniert

Partnermassage
(**4444**-5) von Chr. Unseld-Baumanns, 136 Seiten, gebunden

Entspannung
(**1471**-6) von K. Schutt, 80 Seiten, kartoniert

Streß bewältigen durch Entspannung
(**0834**-1) von Dr. med. Ch. Schenk, 88 Seiten, kartoniert

Yoga für jeden
(**1277**-2) von K. Zebroff, 144 Seiten, Spiralbindung

Yoga
(**0394**-3) von A. Raab, 112 Seiten, kartoniert

Fußsohlenmassage
(**0714**-0) von G. Leibold, 96 Seiten, kartoniert

Qigong
(**1316**-7) von L. U. Schoefer, 96 Seiten, kartoniert

Qigong (Buch mit Audiokassette)
(**1427**-9) von L. U. Schoefer, 96 Seiten, kartoniert

Rückenschule
(**1310**-8) von K. Haak, 64 Seiten, mit Audiokassette, kartoniert

Rückenschmerzen
(**4447**-X) von Prof. Dr. med. H. Hess, 152 Seiten, kartoniert

Rückenschmerzen
(**1140**-7) von G. Leibold, 96 Seiten, kartoniert

Rheuma
(**0836**-8) von G. Leibold, 96 Seiten, kartoniert

Rheuma und Gicht
(**0712**-4) von Dr. J. Höder, 104 Seiten, kartoniert

Besser sehen durch Augentraining
(**0914**-3) von K. Schutt, 96 Seiten, kartoniert

Osteoporose
(**1371**-X) von A. Baumgarten, 96 Seiten, kartoniert

Risiko Herzinfarkt
(**1217**-9) von C. Halhuber, 152 Seiten, kartoniert

Diabetes
(**0895**-3) von Dr. med. H. J. Krönke, 120 Seiten, kartoniert

Hypnose und Autosuggestion
(**0483**-4) von G. Leibold, 120 Seiten, kartoniert

Erkältungskrankheiten
(**1372**-8) von G. Leibold, 112 Seiten, kartoniert

ISBN-Bestandteil: 3-8068-

So deutet man Träume
(**0444**-3) von G. Haddenbach,
120 Seiten, kartoniert

Bluthochdruck
(**1125**-3) von Prof. Dr. med. D. Klaus,
152 Seiten, kartoniert

Krankenpflege zu Hause
(**1373**-6) von S. Hof, 104 Seiten,
kartoniert

Moderne Hauskrankenpflege
(**4776**-2) von S. Hof, 272 Seiten,
gebunden

Sport und Fitneß

Bruce Lees Kampfstil 1
(**0473**-7) von B. Lee, 112 Seiten,
kartoniert

Bruce Lees Kampfstil 2
(**0486**-9) von B. Lee, 128 Seiten,
kartoniert

Bruce Lees Kampfstil 3
(**0503**-2) von B. Lee, 112 Seiten,
kartoniert

Bruce Lees Kampfstil 4
(**0523**-6) von B. Lee, 104 Seiten,
kartoniert

Die Bruce-Lee-Story
(**1415**-5) von L. Lee, 192 Seiten,
kartoniert

Bruce Lee Jeet Kune Do
(**0440**-0) von B. Lee, 192 Seiten,
kartoniert

Kung-Fu
(**1399**-X) von B. Lee, 104 Seiten,
kartoniert

Karate
(**2308**-1) von A. Pflüger, 96 Seiten,
kartoniert

Karate 1
(**0227**-0) von A. Pflüger, 144 Seiten,
kartoniert

Karate 2
(**0239**-4) von A. Pflüger, 176 Seiten,
kartoniert

Karatetechnik
(**1460**-0) von Chuck Norris,
128 Seiten, kartoniert

Karate für alle
(**0314**-5) von A. Pflüger, 104 Seiten,
kartoniert

Dynamische Tritte
(**0438**-9) von Ch. Lee, 96 Seiten,
kartoniert

Karate Kata 1
(**0683**-7) von W.-D. Wichmann,
164 Seiten, kartoniert

25 Shotokan Katas
(**0859**-7) von A. Pflüger, 88 Seiten,
kartoniert

Ninja
(**1161**-X) von A. Adams, 196 Seiten,
kartoniert

Ninja 1
(**0758**-2) von S. K. Hayes,
144 Seiten, kartoniert

Ninja 2
(**0763**-9) von S. K. Hayes,
160 Seiten, kartoniert

Ninja 3
(**0764**-7) von S. K. Hayes,
144 Seiten, kartoniert

Ninja 4
(**0807**-4) von S. K. Hayes,
196 Seiten, kartoniert

Judo perfekt 1
(**1249**-7) von K. Fuchs, 124 Seiten,
kartoniert

Judo perfekt 2
(**1461**-9) von K. Fuchs, 112 Seiten,
kartoniert

Judo
(**0305**-6) von M. Ohgo, 208 Seiten,
kartoniert

Ju-Jutsu 1
(**0276**-9) von W. Heim, 164 Seiten,
kartoniert

Teakwondo
(**0347**-1) von K. Gil, 152 Seiten,
kartoniert

Teakwondo perfekt 1
(**0890**-2) von K. Gil, 176 Seiten,
kartoniert

Kickboxen
(**0795**-7) von G. Lemmens,
96 Seiten, kartoniert

Selbstverteidigung
(**0853**-8) von E. Deser, 96 Seiten,
kartoniert

Aikido
(**0537**-7) von R. Brand, 280 Seiten,
kartoniert

Krafttraining
(**0617**-9) von W. Kieser, 96 Seiten,
kartoniert

Krafttraining
(**1309**-4) von A. Balk,
48 Seiten, Spiralbindung

Bodybuilding für Frauen
(**1510**-0) von E. Wanghofer,
96 Seiten, kartoniert

Bodybuilding
(**2314**-6) von L. Spitz, 112 Seiten,
kartoniert

**Optimale Ernährung für
Krafttraining und Bodybuilding**
(**0912**-7) von B. Dahmen, 88 Seiten,
kartoniert

Stretching
(**1247**-0) von A. Balk, 40 Seiten,
Spiralbindung

Stretching
(**0717**-5) von H. Schulz, 64 Seiten,
kartoniert

Aerobics
(**1421**-X) von M. Freytag-Baumgartner, 40 Seiten, Spiralbindung

Wirbelsäulengymnastik
(**1246**-2) von L. Keller, 40 Seiten, Spiralbindung

Kegelspiele
(**0271**-8) von H. Regulski, 92 Seiten, kartoniert

111 spannende Kegelspiele
(**2031**-7) von H. Regulski, 80 Seiten, kartoniert

Badminton
(**0699**-3) von K. Fuchs, 160 Seiten, kartoniert

Sport Regeln Badminton
(**1101**-6) 84 Seiten, kartoniert

Tennis
(**0375**-7) von W. und S. Taferner, 112 Seiten, kartoniert

Streetball
(**1465**-1) von J. Bezler, 80 Seiten, kartoniert

Darts
(**1466**-X) von R. W. Sohlbach, 96 Seiten, kartoniert

Reiten
(**2322**-7) von T. Eckholt, 96 Seiten, kartoniert

Reiten im Bild
(**0415**-X) von H. Werner, 128 Seiten, kartoniert

Moderne Tänze
(**1462**-7) von B. und F. Weber, 96 Seiten, kartoniert

Tanzen
(**2303**-0) von K. Richter, 96 Seiten, kartoniert

Tanzstunde
(**4409**-7) von G. Häderich, 164 Seiten, kartoniert

Wir lernen tanzen
(**0200**-9) von E. Fern, 152 Seiten, kartoniert

Sport Regeln Fußball
(**1096**-6) 104 Seiten, kartoniert

Sporttauchen
(**0647**-0) von S. Müßig, 144 Seiten, kartoniert

Angeln
(**0198**-3) von E. Bondick, 80 Seiten, kartoniert

Angelfischerei
(**0324**-2) von H. Oppel, 72 Seiten, kartoniert

Segeln
(**1364**-7) von H. Mönster, 128 Seiten, kartoniert

Paragliding
(**1464**-3) von H. G. Isenberg, 160 Seiten, kartoniert

Poolbillard
(**0484**-2) von M. Bach, 104 Seiten, kartoniert

Poolbillard
(**2318**-9) von B. Pejcic, 88 Seiten, kartoniert

Do it yourself und Technik

Betonieren - Mauern - Fliesen
(**1159**-8) von K. H. Schubert, 104 Seiten, kartoniert

Metall bearbeiten
(**1119**-9) von O. Maier, 96 Seiten, kartoniert

Sanitärinstallation
(**1118**-0) von W. Kawlath 96 Seiten, kartoniert

Dachgeschoß- und Innenausbau
(**1243**-8) von M. Maurer, 96 Seiten, kartoniert

Satelliten Antennen
(**1359**-0) von P. Röbke-Doerr, 88 Seiten, kartoniert

Kommunikation aus der Steckdose
(**1236**-5) von T. Pehle, 80 Seiten, kartoniert

Alarmanlagen
(**1308**-6) von H.-W. Bastian, 64 Seiten, kartoniert

Solarstromanlagen
(**1457**-0) von P. Röbke-Doerr, 80 Seiten, kartoniert

Lichteffekte mit Halogen
(**1237**-3) von J. R. Felix, 88 Seiten, kartoniert

Badezimmer renovieren und modernisieren
(**1199**-7) von K. H. Schubert, 80 Seiten, kartoniert

Elektronik als Hobby
(**4293**-0) von W. Priesterrath, 264 Seiten, gebunden

Restaurieren von Möbeln
(**4120**-9) von E. Schnaus-Lorey, 152 Seiten, gebunden

Möbel aufarbeiten, reparieren und pflegen
(**0386**-2) von E. Schnaus-Lorey, 96 Seiten, kartoniert

Möbel für Kinderzimmer und Wohnbereich
(**1456**-2) von H.-W. Bastian, 80 Seiten, kartoniert

Kleinmöbel aus Holz
(**0905**-4) von O. Maier, 128 Seiten, kartoniert

Möbel im Designerstil
(**1360**-4) von H.-W. Bastian,
80 Seiten, kartoniert

HiFi Boxen
(**1307**-8) von P. Röbke-Doerr,
96 Seiten, kartoniert

Drechseln
(**1306**-X) von O. Maier, 72 Seiten,
kartoniert

Holzspielzeug
(**1163**-6) von H.-W. Bastian,
80 Seiten, kartoniert

Elektrogeräte reparieren
(**1160**-1) von O. Maier, 104 Seiten,
kartoniert

Modellbau Elektronik
(**1361**-2) von A. Burgwitz, 80 Seiten,
kartoniert

Elektroarbeiten
(**0975**-5) von K. H. Schubert,
120 Seiten, kartoniert

Autoreparaturen
(**1211**-X) von K. Felden, 120 Seiten,
kartoniert

Mountainbike Reparaturen
(**1505**-4) von W. Lindorf, 72 Seiten,
kartoniert

Fahrradreparaturen
(**0796**-5) von R. van der Plas,
112 Seiten, kartoniert

Technik im Garten
(**1238**-1) von H.-W. Bastian,
64 Seiten, kartoniert

Foto Praxis
(**4401**-1) von G. Koshofer,
224 Seiten, gebunden

Besser Videofilmen
(**1458**-9) von W. Schild, 107 Seiten,
kartoniert

Videofilmen wie ein Profi
(**4506**-9) von T. Pehle, 232 Seiten,
gebunden

Photo CD
(**1550**-X) von H. Freund, 176 Seiten,
kartoniert

So macht man bessere Fotos
(**1158**-X) von G. Koshofer,
114 Seiten, kartoniert

So macht man bessere Kinderfotos
(**1459**-7) von G. Koshofer,
128 Seiten, kartoniert

Kreatives Gestalten

Lexikon der Seidenmalerei
(**4737**-1) von K. Huber, 208 Seiten,
gebunden

Apartes aus bemalter Seide
(**5274**-X) von E. Möller, 48 Seiten,
kartoniert

Seidenmalerei Tiermotive
(**5204**-9) von A. Keller, 32 Seiten,
kartoniert

Seidenmalerei Tücher und Schals
(**5152**-2) von R. Henge, 32 Seiten,
kartoniert

Seidenmalerei Exclusive Tücher
(**1303**-5) von E. Schwinge,
80 Seiten, kartoniert

Seidenmalerei Landschaften
(**5153**-0) von D. Kosik, 32 Seiten,
kartoniert

Seidenmalerei Glanzeffekte
(**5280**-4) von E. Schwinge, 48 Seiten,
kartoniert

Seidenmalerei Schmuckkarten und Miniaturbilder
(**5166**-2) von I. Walter-Ammon,
32 Seiten, kartoniert

Seidenmalerei
(**1357**-4) von B. Hansen, 64 Seiten,
kartoniert

Neue zauberhafte Seidenmalerei
(**0924**-0) von R. Henge, 80 Seiten,
kartoniert

Seidenmalerei als Kunst und Hobby
(**4264**-7) von S. Hahn,
136 Seiten, gebunden

Seidenmalerei Kissen
(**5151**-4) von I. Demharter,
32 Seiten, kartoniert

Seidenmalerei Blüten, Blätter, Ranken
(**5165**-4) von D. Kosik, 32 Seiten,
kartoniert

Hobby Seidenmalerei
(**0611**-X) von R. Henge, 88 Seiten,
kartoniert

Geldgeschenke
(**1115**-6) von S. Haenitsch-Weiß,
80 Seiten, kartoniert

Geldgeschenke
(**5251**-0) von P. Jansen, 32 Seiten,
kartoniert

**Geschenke wunderschön
verpacken**
(**1113**-X) von P. Jansen, 80 Seiten,
kartoniert

**Geschenke
umweltfreundlich verpacken**
(**1240**-3) von P. Jansen,
64 Seiten, kartoniert

Dekorative Schleifen
(**5205**-7) von M. Schorege,
32 Seiten, kartoniert

**Die Kunst,
Geschenke zu verpacken**
(**0949**-6) von B. Niemann,
80 Seiten, kartoniert

**Passepartoutkarten
für Weihnachten**
(**5286**-3) von I. Wolff, 32 Seiten,
kartoniert

**Origineller Bastelspaß
rund ums Herz**
(**5272**-3) von D. Köhnen, 48 Seiten,
kartoniert

Originelle Fensterbilder
(**1305**-1) von D. Köhnen, 64 Seiten,
kartoniert

Die schönsten Fensterbilder
(**1066**-4) von K. Kimmerle, 64 Seiten,
kartoniert

Fensterbilder aus Papier
(**5158**-1) von E. Rüscher, 32 Seiten,
kartoniert

Fensterbilder Wale und Delphine
(**5287**-1) von S. Koter, 32 Seiten,
kartoniert

Fensterbilder Bärchen
(**5292**-8) von H. Dopheide,
32 Seiten, kartoniert

Fensterbilder Schweinchen
(**5290**-1) von D. Köhnen, 32 Seiten,
kartoniert

Fensterbilder für die Osterzeit
(**5244**-8) von R. und D. Lübke,
32 Seiten, kartoniert

**Fensterbilder Winter
und Weihnachten**
(**5275**-8) von F. Michalski, 48 Seiten,
kartoniert

Drehfensterbilder
(**1355**-8) von E. Bock, 64 Seiten,
kartoniert

Fensterbilder Blumen und Tiere
(**5186**-7) von M. Twachtmann,
32 Seiten, kartoniert

Tabaluga und Lilli Fensterbilder
(**1554**-2) von P. Maffay, 48 Seiten,
kartoniert

Sonne, Mond und Sterne
(**5282**-0) von D. Köhnen, 48 Seiten,
kartoniert

Zauberwelt Origami
(**1045**-1) von Z. Aytüre-Scheele,
80 Seiten, kartoniert

Origami
(**0756**-6) von Z. Aytüre-Scheele,
80 Seiten, kartoniert

Origami
(**5291**-X) von Z. Aytüre-Scheele,
54 Seiten, kartoniert

Klassisches Origami
(**1454**-6) von Pham Dinh Tuyen,
80 Seiten, kartoniert

Neue zauberhafte Origami Ideen
(**0805**-8) von Z. Aytüre-Scheele,
80 Seiten, kartoniert

Töpfern ohne Scheibe
(**0896**-1) von A. Riedinger, 80 Seiten,
kartoniert

Marmorieren
(**5247**-2) von T. Hartel, 32 Seiten,
kartoniert

Moosgummi
(**1354**-X) von S. Boczkowski-Sigges,
56 Seiten, kartoniert

Lenkdrachen
(**1011**-7) von W. Schimmelpfennig,
64 Seiten, kartoniert

Hobby Salzteig
(**0662**-4) von I. Kiskalt, 80 Seiten,
kartoniert

Neue zauberhafte Salzteig Ideen
(**0719**-1) von I. Kiskalt, 80 Seiten,
kartoniert

Duftsträuße und Potpouris
(**1239**-X) von A. Effelsberg, 80 Seiten,
kartoniert

Trockenblumen
(**0643**-8) von R. Strobel-Schulze,
88 Seiten, kartoniert

Blumen liebevoll arrangieren
(**1157**-1) von A. Effelsberg, 80 Seiten,
kartoniert

**Dekorieren und gestalten
mit Naturmaterialien**
(**4748**-7) 128 Seiten, gebunden

Kugeln bemalen und dekorieren
(**5285**-5) von M. Neubacher-Fesser,
32 Seiten, kartoniert

Heißgeliebte Teddys
(**0900**-3) von H. Nadolny, 80 Seiten,
kartoniert

Masken
(**5155**-7) von Chr. Familler, 32 Seiten,
kartoniert

Airbrush
(**1133**-4) von Ch. M. Mette,
80 Seiten, kartoniert

Kalligraphie
(**1044**-3) von I. Schade, 80 Seiten,
kartoniert

Figürliches Zeichnen
(**1010**-9) von H. Witzig, 112 Seiten,
kartoniert

Zeichnen und malen
(**4167**-5) von B. Bagnall, 336 Seiten,
gebunden

Aquarellmalen
(**0876**-7) von I. Schade, 80 Seiten,
kartoniert

Stoffpuppen nach alten Vorbildern
(**5281**-2) von M. Meinesz, 48 Seiten,
kartoniert

Spielzeug aus Holz
(**1196**-2) von H. P. Kraft, 64 Seiten,
kartoniert

Laternen und Lampions
(**5206**-5) von C. Hüfner, 32 Seiten,
kartoniert

Spiele und Denksport

Das FALKEN Kreuzworträtsellexikon
(**4694**-4) von K. Hammerschmidt,
850 Seiten, gebunden

Knobeleien und Denksport
(**2019**-8) von K. Rechberger,
112 Seiten, kartoniert

Neue Kartentricks
(**2027**-9) von K. Pankow, 104 Seiten,
kartoniert

Kartentricks
(**2010**-4) von T. A. Rosee, 80 Seiten,
kartoniert

Kartenspiele
(**0095**-2) von K. Lichtwitz, 96 Seiten,
kartoniert

Patiencen
(**2003**-1) von I. Wolter-Rosendorf,
120 Seiten, kartoniert

Neue Patiencen
(**2036**-8) von H. Sosna, 160 Seiten,
kartoniert

Das Skatspiel
(**0206**-8) von K. Lehnhoff, 96 Seiten,
kartoniert

Spielend Skat lernen
(**2005**-8) von T. Krüger, 120 Seiten,
kartoniert

Doppelkopf / Schafskopf
(**2015**-5) von C. D. Grupp,
112 Seiten, kartoniert

Rommé und Canasta
(**2025**-2) von C. D. Grupp, 88 Seiten,
kartoniert

Spieltechnik im Bridge
(**2004**-X) von V. Mollo, 152 Seiten,
kartoniert

Besser Bridge spielen
(**2026**-0) von J. Weiss, 144 Seiten,
kartoniert

Alles über Pokern
(**2024**-4) von C. D. Grupp,
112 Seiten, kartoniert

Schach 1
(**0648**-9) von H. Pfleger, 72 Seiten,
kartoniert

Schach 2
(**0659**-4) von H. Pfleger, 128 Seiten,
kartoniert

Schach 3
(**0728**-0) von H. Pfleger, 128 Seiten,
kartoniert

Schach für Fortgeschrittene
(**0219**-X) von R. Teschner, 88 Seiten,
kartoniert

Einführung in das Schachspiel
(**0104**-5) von W. Wollenschläger,
112 Seiten, kartoniert

Schach, das königliche Spiel
(**1105**-9) von T. Schuster, 184 Seiten,
kartoniert

Neue Schacheröffnungen
(**0478**-8) von T. Schuster, 104 Seiten,
kartoniert

Spielend Schach lernen
(**2002**-3) von T. Schuster, 88 Seiten,
kartoniert

Spiele für Party und Familie
(**2014**-7) von R. Carrell, 80 Seiten,
kartoniert

Neue Spiele für Ihre Party
(**2022**-8) von G. Blechner,
120 Seiten, kartoniert

Gesellschaftsspiele
(**2006**-6) von H. Görz, 112 Seiten,
kartoniert

Familien- und Gesellschaftsspiele mit Karten
(**2001**-5) von C. D. Grupp,
144 Seiten, kartoniert

Lustige Tanzspiele und Scherztänze
(**0165**-7) von E. Bäulke, 80 Seiten, kartoniert

Jonglieren
(**1009**-5) von Seiten Peter, 80 Seiten, kartoniert

Zaubertricks
(**0282**-3) von J. Merlin, 160 Seiten, kartoniert

Zaubern
(**2018**-X) von D. Buoch, 84 Seiten, kartoniert

Rätselspiele
(**1270**-5) von K. H. Schneider, 80 Seiten, kartoniert

Würfelspiele für jung und alt
(**2007**-4) von F. Pruss, 112 Seiten, kartoniert

Carrom
(**1059**-1) von H. Darnhofer, 88 Seiten, kartoniert

Das japanische Brettspiel Go
(**2020**-1) von W. Dörholt, 104 Seiten, kartoniert

Spielend Go lernen
(**2041**-4) von H. Otake, 192 Seiten, kartoniert

Roulette
(**0121**-5) von M. Jung, 96 Seiten, kartoniert

Domino
(**2045**-7) von R. F. Müller, 96 Seiten, kartoniert

FALKEN für Kinder

Basteln mit Kleinkindern
(**4747**-9) von W. Kottke, 128 Seiten, kartoniert

Das große, farbige Bastel- und Werkbuch
(**4439**-9) von D. Rex, 256 Seiten, gebunden

Kinder Bastelbuch für Advent und Weihnachten
(**4687**-1) von S. Wetzel-Maesmanns, 104 Seiten, gebunden

Basteln mit Kindern für Ostern
(**5283**-9) von V. Ettelt, 48 Seiten, kartoniert

Lauter tolle Sachen, die Kinder gerne machen
(**4731**-2) von U. Barff, 352 Seiten, gebunden

Bastelbuch für Kinder
(**4254**-X) von U. Barff, 224 Seiten, gebunden

Das 2. farbige Bastelbuch für Kinder
(**4530**-1) von U. Barff, 224 Seiten, gebunden

Das goldene Bastelbuch für Kinder
(**4769**-X) von U. Barff, 336 Seiten, gebunden

Heute basteln wir mit Pappe und Papier
(**4413**-5) von U. Barff, 224 Seiten, gebunden

Unvergeßliche Kindergeburtstage
(**4705**-3) von G. Hennekemper, 176 Seiten, gebunden

Unvergeßliche Kinderfeste
(**4457**-7) von G. Hennekemper, 192 Seiten, gebunden

Kindergeburtstag
(**0287**-4) von I. Obrig, 136 Seiten, kartoniert

Unvergeßliche Kinderpartys
(**4756**-8) von V. Mirschel, 112 Seiten, gebunden

Fensterbilder Meine Lieblingstiere
(**5197**-2) von Y. Thalheim, 32 Seiten, kartoniert

Dinos und Drachen
(**5279**-0) von G. Reinscheid, 48 Seiten, kartoniert

Große Fensterbilder
(**5276**-6) von D. Köhnen, 32 Seiten, kartoniert

Fensterbilder Bauernhof
(**5264**-2) von D. Köhnen, 48 Seiten, kartoniert

Fensterbilder Enten und Gänse
(**5278**-2) von D. Köhnen, 48 Seiten, kartoniert

Fensterbilder Lustige Tiere
(**5210**-3) von F. Michalski, 32 Seiten, kartoniert

Fensterbilder Alphabet
(**5242**-1) von E. Bohne, 32 Seiten, kartoniert

Fensterbilder Zahlen
(**5268**-5) von E. Bohne, 32 Seiten, kartoniert

Fensterbilder Ritter und Burgen
(**5284**-7) von D. Köhnen, 48 Seiten, kartoniert

Farbenfrohe Fensterbilder
(**5255**-3) von K. Groß, 32 Seiten, kartoniert

Fingerspiele
(**2043**-0) von G. Falkenberg, 72 Seiten, kartoniert

Kinderspiele aus aller Welt
(**4783**-5) von SOS-Kinderdorf-Müttern, 128 Seiten, gebunden

Spiele für kleine und große Gruppen
(**4805**-X) von S. Horak,
128 Seiten, gebunden

Spielen mit den Allerkleinsten
(**4691**-X) von S. Horak,
128 Seiten, gebunden

Neue Reimspiele und Spielreime
(**1426**-0) von L. Wieland,
80 Seiten, kartoniert

Spiele mit Papier und Bleistift
(**2044**-9) von K.-H. Koch, 96 Seiten, kartoniert

Guten Tag Kinder!
(**0861**-9) von U. Lietz, 96 Seiten, kartoniert

Einmal grad und einmal krumm
(**0599**-7) von H. Witzig, 144 Seiten, kartoniert

Moosgummi
(**5271**-5) von A. und R. Schurr,
48 Seiten, kartoniert

Sticker
(**5270**-7) von D. Dieterle, 48 Seiten, kartoniert

Spiel und Spaß auf Reisen
(**1085**-0) von U. Geißler, 80 Seiten, kartoniert

Kleine Spiele ganz groß
(**1330**-1) von U. Vohland, 80 Seiten, kartoniert

Das große bunte Spielebuch
(**4543**-3) von R. Grabbet, 160 Seiten, gebunden

Spielbare Witze für Kinder
(**0824**-4) von H. Schmalenbach,
112 Seiten, kartoniert

Kinderspiele mit Buchstaben und Wörtern
(**1041**-9) von Dr. U. Vohland,
96 Seiten, kartoniert

Spiele im Freien
(**2038**-4) von G. Wagner, 88 Seiten, kartoniert

Mein kunterbuntes Rätselbuch
(**4697**-9) von D. und R. Zey,
128 Seiten, kartoniert

Kids 94/95
(**4544**-1) von H. O. Wiebus,
176 Seiten, gebunden

Antworten auf Kinderfragen
(**4477**-1) von Dr. H. Hofmann,
308 Seiten, gebunden

Das große farbige Kinderlexikon
(**4195**-0) von U. Kopp, 320 Seiten, gebunden

Entdeckungsspiele
(**1393**-0) von U. Vohland, 96 Seiten, kartoniert

Kasperle kommt
(**1392**-2) von T. Böhner, 112 Seiten, kartoniert

Kinder spielen Theater
(**4696**-0) von G. Walter, 160 Seiten, gebunden

Phantasievolles Schminken
(**0907**-0) von H. und Y. Nadolny,
64 Seiten, kartoniert

Schminken für Kinder
(**5177**-8) von Y. Thalheim,
32 Seiten, kartoniert

Mit Kindern turnen
(**1213**-6) von P. Pauly, 96 Seiten, kartoniert

Fußballtraining für Kinder und Jugendliche
(**1463**-5) von S. Asmus,
120 Seiten, kartoniert

Gärtnern macht den Kindern Spaß
(**4517**-4) von U. Krüger, 96 Seiten, gebunden

Spiel und Spaß zu Hause
(**2039**-2) von U. Geißler, 80 Seiten, kartoniert

Komm koch und back mit mir
(**4285**-X) von S. und H. Thellig,
112 Seiten, gebunden

Kinder kochen mit Knuddel
(**1094**-X) von U. Bültjer, 80 Seiten, kartoniert

Garten

FALKEN Garten-Jahr
(**4730**-4) von K. Greiner, 320 Seiten, gebunden

Arbeitskalender für Zimmergärtner
(**1473**-2) von H. Jantra, 120 Seiten, kartoniert

Der naturgemäße Zier- und Wohngarten
(**0748**-5) von I. Gabriel, 128 Seiten, kartoniert

Steingärten
(**4452**-6) von A. Throll-Keller,
128 Seiten, gebunden

Reihenhausgärten
(**1016**-8) von H. Jantra, 104 Seiten, kartoniert

Schöne Gärten
(**4482**-8) von H. Jantra, 168 Seiten, gebunden

Moderne Gartengestaltung
(**1255**-1) von K. Greiner, 128 Seiten, kartoniert

Kleingärten
(**1015**-X) von H. Jantra, 88 Seiten, kartoniert

Schöne Kräutergärten
(**1256**-XP) von H. Jantra, 112 Seiten, kartoniert

Wintergärten
(**4256**-6) von der Gruppe LOG, ID,
136 Seiten, gebunden

Der pflegeleichte Hausgarten
(**1170**-9) von H. Jantra, 112 Seiten, kartoniert

Kompost im Hausgarten
(**1258**-6) von H. Abels, 72 Seiten, kartoniert

Wohngarten
(**4751**-7) von H. Jantra, 120 Seiten, gebunden

Nützliche Tiere im Garten
(**1472**-4) von I. Polaschek, 80 Seiten, kartoniert

Der richtige Schnitt von Obst- und Ziergehölzen, Rosen und Hecken
(**0619**-5) von E. Zettl, 88 Seiten, kartoniert

Obstgehölze sachgemäß schneiden
(**1127**-X) von P. G. Wilhelm, 136 Seiten, kartoniert

Naturgemäß gärtnern
(**1377**-9) von I. Gabriel, 112 Seiten, kartoniert

Erfolgstips für den Gemüsegarten
(**0674**-8) von F. Mühl, 80 Seiten, kartoniert

Erfolgstips für den Obstgarten
(**0827**-9) von F. Mühl, 128 Seiten, kartoniert

Schneckenbekämpfung
(**1378**-7) von B. Meyer, 64 Seiten, kartoniert

Gesunde Pflanzen in Hydrokultur
(**1257**-8) von H.-A. Rotter, 80 Seiten, kartoniert

Hydrokultur
(**0944**-5) von H.-A. Rotter, 144 Seiten, kartoniert

Ziergräser
(**1333**-7) von H. Jantra, 104 Seiten, kartoniert

Rosen
(**4692**-8) von H. Steinbauer, 144 Seiten, kartoniert

Rosen
(**1183**-0) von H. Jantra, 104 Seiten, kartoniert

Wasser im Garten
(**4810**-6) von P. Hendel, 208 Seiten, gebunden

Mein kleiner Gartenteich
(**0851**-1) von I. Polaschek, 144 Seiten, kartoniert

Pflanzen und Tiere für den Gartenteich
(**1171**-7) von W. Costa, 128 Seiten, kartoniert

Gartenteiche, Tümpel und Weiher
(**1073**-7) von F. Liedl, 80 Seiten, kartoniert

365 Erfolgstips für schöne Zimmerpflanzen
(**0893**-7) von H. Jantra, 144 Seiten, kartoniert

Zimmerpflanzen
(**4274**-4) von Prof. Dr. G. Stelzer, 192 Seiten, gebunden

Das moderne Handbuch Zimmerpflanzen
(**4416**-X) von H. Jantra, 304 Seiten, gebunden

Dekorative Blattpflanzen
(**1128**-8) von H. Jantra, 128 Seiten, kartoniert

Kakteen
(**1429**-5) von G. Andersohn, 160 Seiten, kartoniert

Orchideen
(**1188**-1) von Dr. G. Schoser, 112 Seiten, kartoniert

Blütenpracht auf Balkon und Terrasse
(**0928**-3) von M. Haberer, 88 Seiten, kartoniert

Balkon, Terrasse und Dachgarten wirkungsvoll gestalten
(**4536**-0) von H. Jantra, 152 Seiten, gebunden

Gewächshäuser
(**4408**-9) von Dr. G. Schoser, 232 Seiten, gebunden

Natürlich gärtnern unter Glas und Folie
(**0722**-1) von I. Gabriel, 128 Seiten, kartoniert

Kletterpflanzen
(**4546**-8) von U. Mehl, 120 Seiten, gebunden

Tiere

Der Hund in der Familie
(**1014**-1) von J. Werner, 128 Seiten, kartoniert

Das neue Hundebuch
(**0009**-X) von W. Busack, 112 Seiten, kartoniert

Hunde
(**4118**-7) von H. Bielfeld, 192 Seiten, gebunden

Alles über junge Hunde
(**0863**-5) von Dr. med. vet. E. M. Bartenschlager, 64 Seiten, kartoniert

Hundekrankheiten erkennen und behandeln
(**1077**-X) von Dr. med. vet. R. Spangenberg, 96 Seiten, kartoniert

Der Deutsche Schäferhund
(**0073**-1) von A. Hacker, 104 Seiten, kartoniert

Schäferhunde
(**1513**-5) von R. Voltz, 96 Seiten, kartoniert

Alles über Dackel, Teckel, Dachshunde
(**1079**-6) von M. Wein-Gysae, 80 Seiten, kartoniert

Streuner und Tierheimhund
(**1512**-7) von C. Ludwig, 112 Seiten, kartoniert

Richtige Hundeernährung
(**0811**-2) von Dr. med. vet. E. M. Bartenschlager, 80 Seiten, kartoniert

Mischlingshunde
(**1511**-9) von H. Rogner, 96 Seiten, kartoniert

Die beliebtesten Hundenamen
(**1174**-1) von H.-J. Schließke, 96 Seiten, kartoniert

West Highland White Terrier
(**1514**-3) von H. Rogner, 96 Seiten, kartoniert

Der Deutsche Schäferhund
(**1091**-5) von U. Förster, 112 Seiten, kartoniert

Die Katze in der Familie
(**1076**-1) von U. Birr, 136 Seiten, kartoniert

Katzen
(**4158**-6) von B. Gerber, 176 Seiten, gebunden

Junge Katzen
(**0862**-7) von Dr. med. vet. E. M. Bartenschlager, 72 Seiten, kartoniert

Katzenkrankheiten
(**1078**-8) von Dr. med. vet. R. Spangenberg, 104 Seiten, kartoniert

Das neue Katzenbuch
(**0427**-3) von B. Eilert-Overbeck, 120 Seiten, kartoniert

Sittiche und kleine Papageien
(**0864**-3) von Dr. med. vet. E. M. Bartenschlager, 88 Seiten, kartoniert

Alles über Kanarienvögel
(**0901**-1) von H. Schnoor, 64 Seiten, kartoniert

Nymphensittiche
(**1474**-0) von F. Moll, 80 Seiten, kartoniert

Artgerechte Nistställen für heimische Vögel
(**1220**-9) von Dr. W. Keil, 94 Seiten, kartoniert

Alles über Großsittiche
(**1320**-5) von H. Bielefeld, 88 Seiten, kartoniert

Beos
(**1475**-9) von M. Wagner, 72 Seiten, kartoniert

Wellensittiche
(**1129**-6) von H. Bielfeld, 64 Seiten, kartoniert

Diskusfische
(**1432**-5) von H. Hirsch, 64 Seiten, kartoniert

Gesunde Fische im Süßwasseraquarium
(**1013**-3) von H. J. Mayland, 96 Seiten, kartoniert

Süßwasseraquarium
(**4752**-5) von Dr. med. vet. J. Etscheid, 208 Seiten, gebunden

Alles über Rennmäuse
(**1318**-3) von M. Mettler, 80 Seiten, kartoniert

Meerschweinchen
(**0809**-0) von Dr. med. vet. E. M. Bartenschlager, 43 Seiten, kartoniert

Chinchillas und Degus
(**1130**-X) von M. Mettler, 96 Seiten, kartoniert

Streifenhörnchen
(**1219**-5) von M. Mettler, 96 Seiten, kartoniert

Zwergkaninchen
(**1075**-3) von M. Mettler, 64 Seiten, kartoniert

Zwerg- und Goldhamster
(**1012**-5) von M. Mettler, 96 Seiten, kartoniert

Geflügelhaltung als Hobby
(**0749**-3) von M. Baumeister, 184 Seiten, kartoniert

Pferde
(**4186**-1) von H. Werner, 176 Seiten, gebunden